평화로운 나라로 가는 길

너머학교 고전교실 11

평화로운 나라로 가는 길

오항녕 지음 · 이지희 그림

너머학교

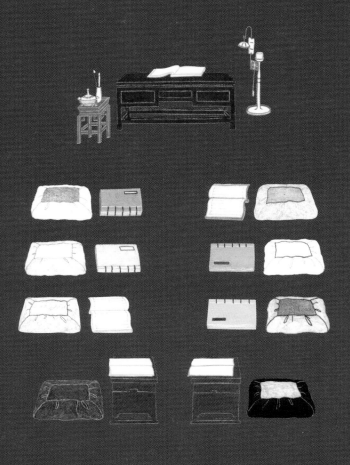

경 연 으 로 여 는 세 상

경연을 아시나요? 집현전을 아시나요? 한글, 『향약집성방』, 측우기……. 집현전이 하던 많은 일 중, 가장 중요한 일이 경연이었습니다.

세상을 바꾸는 방법에는 두 가지가 있습니다. 후다닥 변하는 혁명(전쟁)은 눈에 잘 보입니다. 그에 견주어 눈에 잘 보이지는 않지만 강력한 방법이 있습니다. 배움, 교육입니다. 혁명은 짧고 거칠며, 교육은 길고 편합니다. 작용과 쓸모가 각각 다릅니다.

배움과 교육의 정치제도

경연은 배움을 통해 나라를 만들던 제도입니다. 어떻게 하면 소통하는 나라를 만들까, 어떻게 하면 백성이 살 만한 나라를 만들까, 그리하여 어떻게 하면 평화로운 세상을 만들까, 백성의 여망을 모아, 위정자들이 연구하고 고민하는 자리, 이것이 경연이 존재한 이유였습니다.

공개 토론의 장
사사로운 자리가 아닙니다. 열려 있습니다. 거기서 역사, 철학, 경제학을 공부했습니다. 치열한 토론이 오고갔습니다. 왕과 신하들은 얼굴을 붉혀 가며 묻고 따졌습니다. 거기서 백성을 위한 정책이 나오고, 나라의 미래를 위한 계획과 전략이 나오고, 후대를 위한 비전이 나왔습니다. 열린 공간에서 벌이는 공개 토론, 아침, 점심, 저녁마다 열리는 세미나, 부족하면 밤에도 모였습니다.

땅은 위에, 하늘은 아래에
경연은 국왕이 신하에게 배우는 자리이기도 합니다. 국왕은 스승인 신하에게 묻고 듣습니다. 땅이 위에 하늘이 아래에 있습니다. 경연에서는 땅이 아래에, 하늘이 위에 있지 않습니다. 땅이 아래에, 하늘이 위에 있으면 막혔다[否]고 했습니다. 하늘이 아래에, 땅이 위에 있으면 평화롭다[泰]고 했습니다.

자녀가 말하고 부모가 들어야, 학생이 말하고 선생이 들어야, 젊은이가 말하고 어른이 들어야, 후배가 말하고 선배가 들어야, 과장이 말하고 사장이 들어야, 장관이 말하고 대통령이 들어야, 시민이 말하고 위정자가 들어야 세상이 평화롭다고 경연은 말합니다. 그 반대가 되면 막힌다고 경연은 말합니다.

평화로운 시대에는 지키는 길을,
어지러운 시대에는 견디는 길을,
경연과 함께 찾아봅니다.

2016년 1월 오항녕

3장 어지러운 시대에는 – 아파서 미루고 추워서 미루고

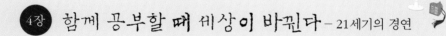

4장 함께 공부할 때 세상이 바뀐다 – 21세기의 경연

1장

문치와 경연

조선 시대 문치란

당황스러웠던 기억이 있습니다. 누군가가 '헌법'이 뭐냐고 물었는데 아는 게 없었습니다. '문치'에 대해서도 그러했습니다. 문치라고 하면 나약함이라는 이미지가 마치 세뇌라도 된 듯이 먼저 떠올랐습니다. 세상을 바꾸는 방법은 혁명과 교육밖에 없듯이, 문치는 세상을 이끌어 나가는 유력한 방법이라는 데에는 생각이 미치지 못했습니다.

조선이라는 나라를 만들어 간 사람들에게 문치는 정치의 방향이나 수단만은 아니었습니다. 왕과 관료, 지식인, 그리고 모든 백성에 이르기까지 일상을 포괄하는 문명 전반에 대한 밑그림과도 같은 것이었지요. 이 지향을 구체화하기 위해 만드는 것이 제도이고 관청입니다. 제도라는 것, 실은 우리가 일상에서 만나는 것입니다.

이제 탐구를 시작합니다. 조선이라는 나라가 지향한 '문치'가 무엇인지, 그리고 그 문치를 현실에서 실현하고자 만들었던 경연과 경연을 담당한 실체와 관청에 대해 먼저 살펴봅니다.

문치와
왕도정치

오백 년 왕조를 이어 온 조선은 '문치'로 다스려지던 나라였습니다. 문치가 무엇일까요? 그 말부터 정의해 보겠습니다. 문치(文治)는 글자대로만 보면 글이나 말로 다스린다는 뜻입니다. 요즘 말로 하면 군정(軍政, the Military Regime)에 대한 시민의 정치(the Civilian Regime)를 가리킵니다. 좁게는 '외적 방어를 위하여 조직된 군대를 자기 나라 인민을 통치하는 수단으로 이용하지 않는 것'이며, 적극적인 의미에서는 '국가의 정책 방향이나 의사 결정, 집행에서 논의와 설득에 기초한 일련의 제도적 장치가 현실적으로 작동하는 정치'라는 뜻이 될 것입니다. 조선 시대에는 국가 정책, 사회생활, 교육도 모두 이 문치를 기초로 이루어졌습니다.

그런데 당시에도 이런 말을 썼을까요? 그렇지는 않습니다. 문치를 조선 시대에는 '왕도정치(王道政治)'라고 불렸습니다. 한두 번은 들어본 말일 것입니다. 왕도란 '덕성으로 정치를 하는 방법'으로, 힘으로 다스리는 '패도(覇道)'라는 말과 상대되는 개념이었습니다.

왕도정치의 선구, 맹자

왕도정치의 유래를 알아볼까요? 우리가 잘 아는 『맹자』라는 책에 나오는 이야기 하나를 소개합니다.

『맹자』는 맹 선생님, 즉 맹자의 행적과 말을 기록한 책으로, 『논어』·『대학』·『중용』과 함께 흔히 '사서'로 일컬어지는 책 중 하나입니다. 맹자는 중국 전국 시대에 살았던 인물입니다. 전국 시대는 말 그대로 '싸우는[戰] 나라들[國]의 시대'였습니다. 당시는 비교적 큰 나라였던 7웅(雄, 진·초·제·한·위·조·연 나라)을 비롯한 여러 나라가 각축을 벌이던 시대였습니다. 각국은 부국강병을 위해서, 또는 살아남기 위해서 지략가나 현자를 불러 자문을 구하곤 했습니다. 이들 지략가나 현자 들을 부르는 말이 '제자백가'입니다.

맹자도 자신의 포부를 펴고자 천하를 돌아다녔습니다. 맹자가 직접 배운 적은 없지만 스승으로 여겼던 공자가 그랬듯이 말입니다. 이렇게 돌아다니던 맹자가 제나라 선왕을 만난 자리에서 왕도정치에 대한 논의가 펼쳐집니다. 전국 시대의 패권을 장악하고 싶었던 선왕은 묻습니다.

선왕 : 춘추 시대의 패권을 잡았던 제나라 환공이나 진나라 문공에 대한 얘기를 해 주시겠습니까?

맹자 : 공자 문하에서는 그 사람들을 높이 치지 않습니다. 그래서 전해지는 얘기가 없습니다. 듣고 싶으시다면, 왕의 자격에 대해 말씀드려도 될까요?

선왕 : 어떤 덕성을 지녀야 왕이 되겠습니까?

맹자 : 백성을 잘 살도록 보호하면서 왕이 된다면 누가 막겠습니까?

선왕 : 과인 같은 사람도 백성에게 그리해 줄 수 있겠습니까?

맹자 : 충분합니다.

선왕 : 어떻게 그걸 아십니까?

맹자 : 제가 호흘이라는 사람에게서 다음과 같은 얘기를 들었습니다. 왕께서 대청에 앉아 있는데, 마당에 소를 끌고 가는 사람이 있었습니다. 왕께서 그걸 보시고, "소를 어디로 끌고 가는가?" 하니, "제사 지낼 때 잡아서 쓰려고 합니다." 했다지요. 그랬더니, 왕께서 "그냥 놓아주거라. 벌벌 떨면서 죄 없이 죽을 데로 끌려가는 꼴을 차마 볼 수가 없구나." 하시기에, "그럼 제사를 그만둘까요?" 하니, 왕께서, "그럴 수는 없고, 양으로 바꾸어라." 하셨다고 합니다. 그런 일이 있었는지요?

선왕 : 있었습니다.

맹자 : 그런 마음이면 충분히 왕이 되실 수 있습니다. 이것이 바

로 어진 정치를 하는 방법입니다.[●]

선왕은 '어떤 덕성을 지녀야 왕이 되는지'를 물었습니다. '어떻게 정치를 해야 할지'를 고민하고 있었던 것이지요. 여기서 말하는 '왕'이란 천하의 권력을 가졌다는 현실적인 의미이기도 하지만, 사람들이 잘 살 수 있는 보편적 가치를 구현할 자격을 가진 존재로 볼 수 있습니다. 맹자는 이런 왕이 펼치는 정치를 왕도정치라고 보았던 것입니다. 왕도정치의 출발은 간단합니다. 제사에 쓸 소가 가여워서 바꾸라고 하는 그 마음을 정치에 적용하면 되는 것입니다.

차마 하지 못하는 마음

물론 정치는 마음만 가지고 되는 게 아니라 좀 더 복잡한 영역이기도 합니다. 그렇지만 그 단서는 '차마 하지 못하는 마음'에서 출발한다는 것입니다. '차마 하지 못한다'는 것은, 함부로 하지 않는 것이라고 표현할 수 있습니다. '사람들에게 차마 함부로 하지 않는 마음'이라는 이 말은 후에 '불인인지심(不忍人之心)'이라는 숙어로 쓰입니다. 보통 불인지심(不忍之心)이라고 줄여서 말하기도 합니다. 알고 보면 이 말은 우리가 일상생활 중에도 자주 쓰는 표현입니다. "그게 사람이 차마

● 『맹자』「공손추」상

할 짓이냐?", "차마 얼굴을 들 수 없었다." 하는 식으로 말입니다. 생각해 보니 한 번쯤 써 본 적이 있는 말이지요?

맹자는 이 '불인인지심'이 모든 정책의 바탕에 깔려 있어야 한다고 보았습니다. 그리고 그런 단서는 제나라 선왕만이 아니라, 모든 사람이 가지고 있으며, 따라서 그 마음의 단서를 넓히면 누구나 좋은 정치를 할 수 있다는 것이지요. 이것이 맹자 사상의 핵심입니다.

불인인지심은 곧 측은지심이고 남을 안타깝게 여길 줄 아는 마음입니다. 한편 부끄러워하는 마음은 수오지심이고, 옳고 그른 것을 판단하는 마음은 시비지심이며, 남에게 양보하는 걸 기뻐하는 마음은 사양지심입니다. 인간이라면 모두가 다 가지고 있는 것으로, 맹자는 이것을 인간다움의 네 가지 단서, 즉 사단(四端)이라고 했습니다.

이 사단의 근거를 맹자는 '유자입정(孺子入井)'이라는 유명한 고사, 그러니까 어린아이가 우물에 빠지려 하는 상황을 가정해 설명하고 있습니다.

맹자 : 사람은 누구나 사람을 차마 해치지 못하는 마음을 가지고 있습니다. 예를 들어 볼까요. 어린아이가 우물에 빠지려는 모습을 보면 누구나 깜짝 놀라서 안타까운 마음을 갖고 구해 주게 됩니다. 이런 마음이 드는 것은 어린아이의 부모와 교분을 맺으려고 해서도 아니고, 동네 사람들에게 칭찬을 들으려고 해서도 아니며, 아이가 우물에 빠지려는데 구해 주지도 않았다는 오명을

쓰기 싫어서도 아닙니다.

어떤가요? 어린아이가 차가 달리는 길로 기어가고 있다면 여러분은 어떤 마음이 들까요? 저런! 싶어서 얼른 구해 줄 마음이 생기지 않을까요? 맹자는 이런 사람의 마음을 발현시켜 제도로 만들면 나라를 안정시킬 수 있다고 생각했습니다. 아울러 그 제도를 유지하는 것이 바람직한 정치라고 생각했습니다. 이러한 지향이 바로 왕도정치이고, 그러려면 인격을 훈련하고 또 그러한 인격에 바탕을 둔 제도를 갖추어야 한다고 보았습니다.

문치의 삼두마차

조선에서는 왕도정치 또는 문치를 실현하기 위해 제도를 마련했습니다. 문치를 이끌고 간 삼두마차, 그러니까 문치를 실현하는 세 마리의 말이 있었던 것이지요. 첫째가 지금 알아보는 경연이고, 둘째가 실록을 편찬한 춘추관, 그리고 사헌부와 사간원이 주축이던 언관입니다.

춘추관에는 나라의 중요한 일을 기록하는 사관(史官)이 있었고, 그들의 기록을 사초(史草)라고 불렀습니다. 사초를 바탕으로 우리가 아는 실록을 편찬합니다. 현재 우리나라에는 국가기록원이 있고 도나 시에도 기록관이 있는데, 이는 현대의 춘추관이라고 할 수 있습니다.

언관은 감찰과 언론을 담당합니다. 관리들의 비리를 감찰하고, 정책이나 인물에 대한 비판도 수행합니다. 여기에는 국왕이나 왕실도 예외가 없습니다. 현대의 감사원과 신문이나 방송이라고 할 수 있지요.

문치라는 지평

문치라고 하면 어떤 생각이 떠오르나요? 문치가 나라를 약하게 만든다고 생각하나요? 아예 문치 자체는 약하다고 생각하나요? 자, 이 질문에 어떻게 대답해야 할까요? 두 가지 차원으로 나누어 생각할 필요가 있다고 봅니다. 혼란기를 거쳐 하나의 나라가 들어설 때와 한 사회 또는 나라가 유지될 때 문치가 갖는 의미입니다.

나라의 안정을 위한 실천, 공부

먼저 혼란기를 거쳐 하나의 나라가 들어설 때 문치에 대한 문제입니다. 한 사례를 봅시다.

한 고조 유방은 패풍읍 중양리 사람으로 십 리 넓이의 작은 마을의 관리였다. 그 풍모가 대장부다웠고 술을 좋아하였으며, 천하 호걸과 교제하는 통이 큰 인물이었다. 유방은 항우를 무찌르고 한나라를 세웠는데 문제가 있었다. 황제가 갖추어야 할 식견이 유방에게는 부족했던 것이다. 이때 유학자이던 육가가 말했다.

"폐하! 이제라도 학문을 익히셔야 합니다."

한 고조 역시 스스로 느낀 바 있었으므로 육가에게서 오경 등을 배우기로 했다. 그러나 쉬운 일이 아니었다. 한 달쯤 따라가던 한 고조는 책을 탁 덮으며,

"더 이상 힘들어 못하겠네! 나는 글을 모르고도 세 자 칼을 들고 말 위에서 천하를 얻었는데 이까짓 학문이 무슨 소용인가?"

라고 말했다. 그러자 육가는,

"폐하! 다른 이유 때문에 이 공부를 그만두실 생각이시라면 소신도 더 이상 권할 생각은 없습니다. 하오나 그런 생각에서 이 공부를 그만두신다면 이 나라는 곧 망하게 될 것입니다. 말 위에서 천하를 얻을 수는 있으나, 말 위에서 천하를 다스릴 수는 없습니다."

라고 했다. 순간 싸늘한 긴장감이 감돌았다. 육가의 말이 옳은 말인지는 몰라도 너무나 무례하고 황제의 심기를 건드리는 발언이었다. 모두들 숨을 죽이고 감히 입을 여는 사람이 없었다. 짧은 순간이 몇 시간처럼 느껴졌다. 마침내 고조의 차분한 음성이 들

렸다.

"경의 말이 옳네. 내 생각이 짧았소. 다시 시작하리다." [●]

육가의 "말 위에서 천하를 얻을 수는 있어도, 말 위에서 천하를 다스릴 수는 없다."는 말은 문(文)과 무(武)가 인간 문명의 중요 요소 중 하나인 국가의 작동에 어떤 기능을 하는지 함축적으로 보여 줍니다. 패권을 두고 각축을 벌일 때는 전투, 전쟁을 수행해야 합니다. 그런데 나라가 일단 서고 나면, 다스려야 하겠지요.

우선 백성의 일상생활이 유지되어야 합니다. 일상이 안정되어야 경제적, 생물학적 생산, 문화 활동이 가능하기 때문입니다. 경제활동이란 먹고사는 일입니다. 내년, 후년에도 농사를 지으면서 살 수 있다는 생각입니다. 생물학적 생산활동이란 자식을 낳고 길러 가족과 크게는 종족이 유지되게 하는 일입니다.

그래서 백성의 삶을 안정시키기 위한 기획, 계획, 조정, 분담, 협력 등이 필요해집니다. 이 일상의 유지를 위해 하는 여러 활동을 한마디로 하면, 그건 '제도'입니다. 그러니까 제도는 구체적인 필요성, 그 필요성을 해결해 가는 실천의 하나로 이해해야 합니다. 경연 역시 마찬가지입니다. 무슨 고매한 정치 이상이나 정치 윤리의 차원에서 이해해야 할 무엇이 아니라는 것입니다.

● 『사기』권97 「육가열전」

경연이라는 조선 시대의 정치문화를 윤리 차원으로 해석하지 않고, 실천의 차원에서 접근해야 역사적이고 학문적인 논의가 가능해집니다. 만일 윤리 차원에서 접근하면, 자칫 초역사적인 해석, 예를 들면 "우리 것은 좋은 것이여!" 하는 식의 해석에 그치게 될 위험이 크기 때문입니다.

공부만이 세상을 바꾼다

중국 한나라가 세워질 때의 일화를 보며 경연이라는 주제의 의미를 생각해 보았습니다. 그러면 나라가 성립한 뒤에는 어떻게 해야 할까요? 육가가 말했듯이 공부해야 하는 것입니다. 육가가 말한 '말 위'가 혁명이고, '말 아래'가 교육입니다. '혁명'과 '교육'은 영어인 '레볼루션(revolution)'과 '에듀케이션(education)'의 번역어이고, 동아시아 전통의 표현으로는 '역성(易姓)'과 '공부(工夫)'입니다. 역성이란 혁명적 변화가 성(姓)을 바꾸는, 즉 왕조를 바꾸는 것에서 출발한다고 생각한 데서 나온 표현입니다. 그럼 공부를 어떻게 해야 할까요?

스스로 현인(賢人)에게서 공부하고 몸 가까이의 일뿐 아니라 저 멀리에 있는 일까지 사정을 잘 알고 주도면밀하게 정치를 할 수 있다면 그는 민중의 마음을 얻어 다투어 뜻하는 대로 움직일 수 있을 것이지만, 진정 민중의 마음을 감화시키는 데까지 이르지는 못할 것이다.

정치를 하는 사람이 진정으로 민중을 감화시키고 훌륭하고 아름다운 풍속을 만들어 가려면 반드시 배움을 통하지 않으면 안 된다. 옥도 갈아서 광택이 나게 하지 않으면 보석으로 쓰일 수 없는 것처럼 사람도 배워서 사물의 도리를 습득하지 않으면 재능을 발휘할 수 없다. 그러므로 옛 성인이 나라를 세우고 백성에 임하면서 먼저 교육과 배움에 의지했던 것이다. ……

아무리 맛있는 요리도 먹어 보지 않으면 진짜 맛을 모르는 것처럼 아무리 훌륭하고 아름다운 길이 있어도 사람이 배우고 연구해서 터득하지 않으면 그 진가를 모른다. 학문을 해 보고서야 비로소 내 지혜가 부족함을 알고, 가르쳐 본 뒤에야 비로소 그 어려움을 안다. 부족함을 알아야 자신의 능력을 반성하게 되고, 어려움을 알아야 열심히 노력하게 되는 것이다.

동아시아 문명 생활을 정리한 『예기』라는 책의 한 편인 「학기(學記)」에 나오는 말입니다. 배울 학(學) 자에, 기록할 기(記) 자, 즉 배움에 대한 기록, 배우고 가르치는 제도에 대한 논설이 바로 「학기」의 내용입니다.

흔히 『예기』를 예절에 대한 책이라고 알고 있지요? 실제는 『의례』, 『주례』 같은 저서와 함께 일종의 제도사 책입니다. 『주례』는 실제로 요즘 '정부조직법'의 성격과 다분히 비슷합니다. 원래 '예'라는 말 자체가 '구체적 상황에서의 적절한 행동'이란 말입니다. 그 말을 당시에는 '천리지절문(天理之節文)'이라고 했는데, '우주의 이치가 우리 삶의 구체적인 상황에서 어떻게 잘 구현될까를 연구한 성과'라는 뜻입니다.

이 인용문 중에, "진정으로 민중(백성)을 감화(변화)시키고 훌륭하고 아름다운 풍속(문화)을 만들어 가려면 반드시 배움을 통하지 않으면 안 될 것이다."라는 선언이 중요한 것입니다. 사람들을 변화시키고, 문명을 이루어 나가려면 배워야 한다는 강력한 선언입니다.

인류의 역사를 보면 혁명은 짧아야 성공하고 또 짧을 수밖에 없습니다. 반면 교육은 시간이 걸릴 뿐 아니라, 변화를 긴 안목에서 추구하는 장치입니다. 급격한 변화에 쉽게 피로해지는 것은 사람들의 속성이 아닐까 합니다. 사람들의 삶은 안정을 지향합니다. 리듬 있는 안정 말입니다. 흔들의자가 여유롭고 편안하지, 롤러코스터가 편하지는 않잖아요? 그렇기 때문에 배움과 교육이 중요할 수밖에 없지요. 유가(儒家)에서 그토록 학문을 강조한 이유가 여기에 있지 않을까 생각합니다. 「학기」의 저 말은, 배움을 통한 세계 변화의 가능성이 바로 나에게 있다, 이런 통찰이자 선언이 아닐까요?

세상을 변화시키는 힘 중의 하나, 지속적으로 세상을 변화시킬 수 있는 유일한 힘을 유가는 공부, 학습, 배움이라고 보았습니다. 이 배움을 통해서 동시대인과 소통하고, 그 소통에 기초하여 시대의 문제, 삶의 고통을 해결할 수 있다고 보았습니다.

그리고 유가는 배움에 대한 통찰에 그치지 않고 그 통찰을 제도화시켰습니다. 배움이 갖는 공공성을 넓히고 보장하기 위한 제도를 만든 것입니다. 그것도 나라 차원에서 운영하는 제도를 말입니다. 그 제도의 운영을 통해 나라의 건강성을 점검하고 병증을 진단하였으며, 그 결과로 살 만한 나라를 만들고자 한 것입니다. 이것이 바로 문치이고, 그것을 실현하는 제도 중 하나가 경연인 것이지요.

경연 관청,
집현전과 홍문관을 세우다

경연은 임금과 신하가 공부하면서 하나씩 묻고 답하는 세미나 시간입니다. 경연이라는 말은 경전의 경(經), 자리 연(筵), 즉 경전을 공부하는 자리라는 의미였습니다.

경연은 요즘 식으로 말하면, 청와대에서 대통령과 비서, 장관 들이 함께 머리를 맞대고 공부를 하는 것입니다. 정책 회의만이 아니라 말 그대로 공부입니다. 예를 들어 『논어』나 『맹자』, 『시경』이나 『서경』을 읽고 그 뜻을 따집니다. 요즘 식으로 하자면 경제 정책이나 현황을 이야기하며 애덤 스미스의 『국부론』이나, 칼 마르크스의 『자본론』을 읽는 것입니다. 교육정책에 대한 토론만이 아니라, 루소의 『에밀』을 읽는 셈이고, 종교정책에 대한 논의만이 아니라 『성경』을 읽는 것입니다. 현대의 국가를 떠올리고 비교한다면 해석하기가 쉽지 않습니다.

이런 경연을 담당한 관청은 집현전과 홍문관이었습니다. 조선 시대의 법전이자 지금의 헌법과도 같은 『경국대전』에는 이들이 하는 일을 '경서와 역사서를 공부하면서 국왕의 고문에 대비한다'고 했습니다.

세종 대의 경연 관청, 집현전

경연을 담당했던 관청은 우리가 아는 집현전입니다. 그 이름이 어떤 뜻인지 아시나요? 대부분의 사람은 집현전에서 편찬 사업을 하고 연구도 하며 공부했다는 것만 알 뿐 정작 그 명칭은 지나쳐 버리곤 합니다. 집현전이라는 이름의 글자를 새겨 보면 모을 집(集), 어질 현(賢), 집 전(殿)입니다. '훌륭한 사람을 모아 놓은 관청'이라는 뜻입니다. 나중에 집현전을 잇는 홍문관도 풀어 보면 넓을 홍(弘), 글월 문(文), 집 관(館)입니다. 문치를 넓히는 관청이라는 뜻입니다. 글자가 무슨 뜻인지 먼저 알면 이해가 더 쉽지요?

집현전은 세종 때 생겼습니다.● 설립 연도로 보면 그렇습니다. 그런데 역사상 등장하는 어떤 사건은 그렇게 명료하지 않은 경우가 많지요. 예를 들어 조선이 1392년에 건국되었다고 말하지만, 그건 태조 이성계가 즉위한 시점일 뿐입니다. 조선 건국을 사상적인 전환, 정치 및 경제 체제의 변화, 생활 방식의 변화 등이 함께 이루어진 사건이라

● 『세종실록』 2년 3월 16일

는 관점에서 보면 꼭 1392년이라는 연도만이 건국 연도의 답이 되는 것은 아닙니다.

집현전은 고려 시대에는 궁중 도서관의 역할을 했습니다. 불교 국가이던 고려에서는 국가 정치에서 법회가 핵심적인 역할을 했지요. 조선으로 넘어오면 그 역할이 경연으로 이동합니다. 그러다 보니 승려를 대신할 새로운 지식층이 필요했습니다. 그런데 그런 지식층은 쉽게 육성되는 게 아니고, 시간이 필요한 일입니다.

또한 조선이 건국될 때 많은 지식인이 은둔의 길을 택하며 조선 건국에 동의하지 않았습니다. 그들은 고려에서 육성된 지식인으로, 고려에서 관직을 하고 녹봉을 받았습니다. 그러니 어떻게 조선 건국에 참여하느냐는 저항감을 느낄 수밖에 없었지요. 고려 말 충신 정몽주를 비롯하여, 대표적으로 두문동 72현이 있었습니다. 문(門)을 닫아 건[杜] 동네[洞]에 사는 현인 72명이라는 말입니다. 오백 년 고려 사직이 무너지는데, 그만한 갈등이 없을 수는 없었을 것입니다.

그러므로 건국 초기에는 인재가 부족했습니다. 시대를 이끌어 갈 인물들이 절실하게 필요했을 것입니다. 당시 상황을 보면 '일을 할 수 있는 사람'이 얼마나 절실했나를 알 수 있습니다. 고려 말 개혁론자인 조준의 상소 중 일부를 살펴봅시다.

나라의 운수가 길고 짧은 것은 민생의 괴롭고 즐거움에 달려 있고, 민생의 괴롭고 즐거움은 전제(田制 토지제도)의 고르고 고르

지 못한 데에 달려 있습니다. …… 나라의 토지를 주고 회수하는 법이 무너지고 겸병(兼幷 남의 땅을 가로채거나 나라 토지를 사유화하는 것)하는 문이 한번 열리니, 재상이 되면 당연히 밭 3백 결을 받을 자가 일찍이 송곳 세울 만한 땅도 받을 곳이 없고, 재상이 되어서 녹 360석을 받을 자가 오히려 20석도 차지하지 못합니다. …… 지금은 군사와 토지제도가 모두 무너졌습니다. 급한 때를 당하면 농민을 징집해서 군대에 보충하기 때문에 군사가 약해져서 적의 먹이가 되고, 농민의 양식을 쪼개어 군사를 기르기 때문에 호구가 줄어들어 고을이 사라졌습니다. …… 호소할 곳 없는 불쌍한 백성이 사방으로 뿔뿔이 흩어져 개천과 구덩이에 빠져 죽을 뿐입니다. *

고려 말의 상황은 이렇게 백성이 정처 없이 사방으로 흩어져 가고 있었습니다. 이런 사회를 바로잡는 데 새로운 지식인층은 절실했습니다.

정책 집단뿐 아니라 실제 그런 정책을 추진할 인물들이 필요했습니다. 사람이 없다 보니 정종 때에 집현전을 겸직으로도 만들었다가, 업무 효율성이 떨어지니까 다시 실직(實職 전담 관원을 두는 직책)으로 했습니다. 태종 시대가 지나가고 세종 2년(1420) 집현전이 만들어집니다.

● 『고려사』권78 「식화지(食貨志) 전제(田制) 녹과전(祿科田)」 우왕 14년 7월

집현전 조직

집현전의 조직 구성은 어떻게 되었을까요? 이 부분에 여러분이 싫어하는 관직명, 품계 등이 나옵니다. 하지만 미리 겁먹지 마세요. 알고보면 간단하고, 구조가 있기 때문에 이해하기도 쉽습니다. 집현전의 직제는 영집현전사(2명, 정1품 겸)·대제학(2명, 정2품 겸)·제학(2명, 종2품 겸)이 있었습니다. 이들은 겸직입니다. 조선 시대에는 겸직을 많이활용하는데, 행정의 체계성과 효율성에 좋다고 판단했기 때문입니다.

부제학(1명, 정3품 당상) 이하 관원이 녹관(祿官), 즉 다른 데를 겸직하지 않고 여기서 월급을 받고 전임으로 있는 관원입니다.

부제학 밑에 직제학(1명, 종3품)·직전(1명, 정4품)·응교(1명, 종4품)·교리(1명, 정5품)·부교리(1명, 종5품)·수찬(1명, 정6품)·부수찬(1명, 종6품)이 있는데, 이들은 당하관입니다. 모두 중견 관원이나 학자로서경연과 편찬사업을 담당했습니다. 부제학 이상의 당상관과 이하 당하관은 구별이 엄격했습니다.

그 아래에 참하관이 있는데, 7품 이하 관원이었습니다. 이들은 신진 학자로, 박사(1명, 정7품)·저작(1명, 정8품)·정자(1명, 정9품)였습니다. 그 밖에 집현전에는 여러 명의 서리가 배속되어 행정 말단의 실무를 담당했습니다.

시기에 따라 조금 차이는 있지만 부제학 정도 되면 존경받는 학자이자 관료입니다. 부제학 이상은 국왕에게 강의를 합니다. 종종 산림(山林)으로 불리는 덕망 있는 학자를 초빙하기도 합니다. 텍스트를 읽

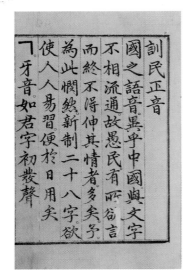

훈민정음 해례본 세종 서문 정인지 등이 세종의 명으로 훈민정음을 한문으로 해설한 해례본 중 세종이 쓴 서문 이다. 세종 28년(1446) 간행. 간송미술관 소장.

고 설명하는 단순한 일은 4품～6품 관원이 한 것으로 보입니다. 7품 ～9품 관원은 경연 준비와 서적 관리를 맡았던 것으로 보입니다.

집현전의 놀라운 업적

집현전은 세종 2년에 만들어진 뒤로 경연 외에도 한글 창제, 의학서 발 간, 각종 농업 서적의 출간 등 놀라운 일들을 했습니다. 불과 30년밖에 안 되는 기간에 나라 기틀을 다 만들었다고 할 수 있지요. 먹고사는 문 제를 해결하는 경제 분야에서 『농사직설』을 편찬했습니다. 사람들이 건강해야 하니까 『향약집성방』을 편찬하고, 역사 공부를 위해서 『자치

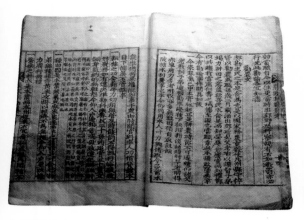
농사직설 우리나라에 맞는 농법을 조사한 뒤 정리한 책으로, 당시 각 도에 배포하여 활용하게 하였다. 세종 11년(1429) 간행. 서울대학교 규장각·공무원교육원 등 소장.

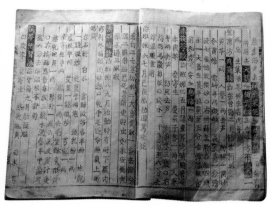
향약집성방 향약, 즉 우리나라에서 나는 약재를 체계적으로 정리한 의약서이다. 세종 15년(1433) 간행. 서울대학교 규장각·한독의학박물관 소장.

통감』과 『자치통감강목』에 대한 주석서를 편찬했습니다. 언어생활을 위해서 『훈민정음』을 편찬했을 뿐 아니라, 법전으로는 『경국대전』의 골격을 만들었습니다. 이 모든 일이 어떻게 진행되었을까요?

이계전과 김문에게 명하여 『자치통감강목』과 『자치통감』의 훈의(訓義)를 찬술하게 하고, 유의손으로 하여금 서문을 짓게 했다. 그 서문에,
"주문공의 『강목』은 『춘추』의 필법을 본받았으니, 그 글로 보면 역사 기록[史記]이지만 그 뜻은 경전입니다. 임금께서 집현전 부교리 이계전과 김문 등에게 명하시기를, '학문하는 방법은 경학

(經學)을 근본으로 삼아야 할 것이니, 참으로 먼저 읽어야 될 것이다. 그러나 경학만 공부하고 역사 기록을 통하지 않는다면 그 학문은 넓지 못할 것이다. 역사학을 공부하고자 한다면 『강목』 같은 책이 없다. 지난번에 이미 『자치통감』의 훈의를 찬술하였으므로, 또 이 책으로 통하여 『강목』까지 아울러 주를 달고 해설하여 후학에게 은혜를 베풀고자 하니, 여러분은 그것에 힘을 쓰라.'

하셨다 …… ."

라고 하였다. ●

위에 나오는 『강목』은 주자(朱子)가 제자인 조사연과 함께 편찬한 『자치통감강목』을 말하고, 『통감』은 그보다 앞서서 사마광이 편찬한 『자치통감』을 말합니다. 둘 다 50권이 넘는 방대한 작품이며, 사마천의 『사기』 이래 최고의 역사서로 평가됩니다. 그런데 세종은 『강목』과 『통감』 두 책에 훈의, 말하자면 전면적인 주석을 달라고 지시한 것입니다.

이 작업이 모두 5년 이상 걸렸습니다. 더욱 놀라운 것은 세종이 이 책들에 대한 주석서를 직접 교정보았다는 것입니다. 중국 원나라 이후에 나온 어떤 주석서보다 훌륭하다는 평가를 받지요. 규장각에 지금도 원본이 남아 있으나, 안타깝게도 연구는 아직 제대로 이루어지

● 『세종실록』 18년 7월 29일

지 않았습니다.

세종 시절 집현전 학자들은 백성의 일상생활부터, 철학, 역사학, 예술의 논의에 이르기까지 새로운 세상을 만든다는 의욕에 차 있었습니다. 어느 날 세종이 이경(밤 9시~11시)쯤 되어 집현전에서 숙직하는 학자가 무엇을 하는지 살펴보라고 내관에게 일렀습니다. 집현전에는 신숙주가 촛불을 켜고 글을 읽고 있었어요. 내관은, 서너 번이나 가 보았으나 계속 글을 읽고 있다가 새벽닭이 울고 나서야 잠자리에 들었다고 아뢰었습니다. 세종은 그가 깊이 잠들기를 기다렸다가 자신의 담비 가죽옷을 벗어 덮어 주게 하였습니다.

많이 들어 본 이야기이지요? 왕과 신하가 서로 노력하고 격려하는 모습을 보여 주지요. 안타까운 것은 이렇게 세종이 아끼던 신숙주가 수양대군이 어린 조카 단종에게서 왕위를 빼앗은 일에 앞장섰다는 것입니다.

집현전 대신 홍문관으로

그런데 『경국대전』에는 경연 관청이 집현전이 아니라 홍문관으로 되어 있습니다. 왜 집현전이 오래 가지 않았을까요? 수양대군(세조)이 단종을 내쫓고 경연 관청이던 집현전을 폐지했기 때문입니다. 왜냐고요? 집현전을 중심으로 단종 복위운동이 전개되었거든요. 사육신(死六臣)이 대표적입니다. 세조는 조선 건국 이래 문화의 산실이자 인재 양성의 보고였던 관청을 자신의 정통성을 부정하였다는 이유로 없애 버린 것입니다.

집현전이 경연을 담당하던 관청이었기 때문에 집현전이 폐지되면 경연도 열릴 수 없었지요. 집현전을 폐지한 세조는 경전과 역사의 학습, 그리고 정책 논의를 위해 강경(講經) 문신이라는 사람들을 뽑아 경연을 열었습니다. 그런데 이 자리는, 나중에 살펴보겠지만 상호 토론하는 자리였다기보다는 세조가 일방적으로 가르치는 강의 시간과 같았습니다.

세조가 죽고 즉위한 예종은 예전 집현전과 같은 관청을 두려고 했고, 성종 9년(1478)에 홍문관을 만들었습니다. 그런데 이때 세운 경연 관청을 집현전이라고 하지 않고 홍문관이라고 한 이유는 무엇일까요? 세조가 성종의 할아버지인데, 그대로 집현전이라고 하면 할아버

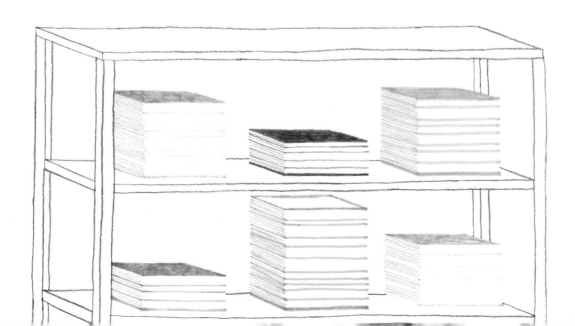

지의 '행적', 즉 집현전 폐지를 부정하는 것이 되기 때문이었답니다.

홍문관도 연원이 오래된 이름입니다. 당나라 태종이 진왕(秦王)으로 있을 때 주변에 능력 있는 사람들을 모아 학사라고 불렀고, 그들이 모였던 곳을 홍문관이라고 불렀습니다. 말하자면 태종의 싱크탱크였던 셈입니다.

홍문관은 '옥당(玉堂)'이라고도 불렀습니다. 구슬 옥(玉) 자가 들어간 별명에서도 느낄 수 있듯이 옥당은 귀한 관원으로 인정받았습니다. 또 대표적인 '청직(淸職)'이었는데, 이는 깨끗한 인물만이 들어갈 수 있는 관직이라는 의미입니다. 개인적인 인격의 결함은 물론, 조상 중에 뇌물을 받는 등의 문제가 있었던 사람의 후손은 임명될 수 없는 자리였습니다. 홍문관의 관원은 근무의 연속성을 보장하기 위해서 근무일수가 차도 다른 관서로 보임(다른 직으로 발령 내는 것)하지 않고 홍문관 내에서 승진시키게 했습니다.

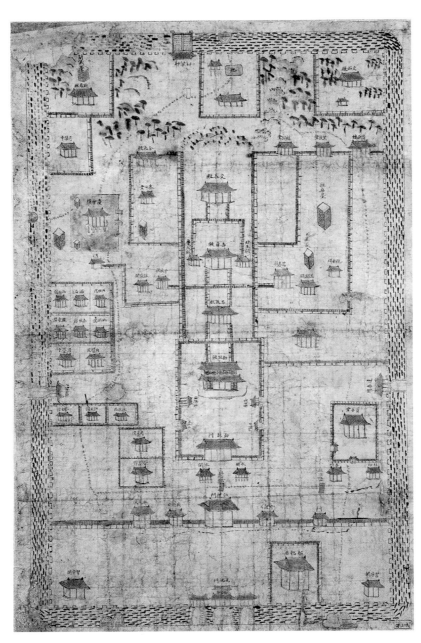

경복궁도 조선 후기에 경복궁을 그린 그림으로, 근정문과 근정전 사이 왼쪽에 나란히 그려진 세 건물 중 가운데가 홍문관이고 양쪽으로 승정원과 예문관이 있다. 국립고궁박물관 소장.

광진 겸재 정선이 현재의 서울 광진구 광장동 아차산 일대를 그린 것으로, 1740~1741년에 한강과 남한강변의 명승지를 그린 『경교명승첩』에 실려 있다. 간송미술관 소장.

홍문관 관원의 명단인 「홍문록(弘文錄)」이란 것이 있습니다. 홍문관의 관원을 뽑을 때는 먼저 후보자 명단을 적어 놓고, 인사를 맡은 전형관(銓衡官)이 합당하다고 생각하는 사람의 이름 아래 동그라미 [圈點]를 치는데, 동그라미를 가장 많이 얻은 사람이 뽑히는 것이지요. 그들의 이름이 기록된 흔적이 「홍문록」입니다.

조선 최고의 학자, 대제학

옛날 제도에 대해 잘 모르는 분들도 대제학이라고 하면 대단한 학자이려니 할 것입니다. 교리 역시도 '누구누구 교리댁' 하며 사극의 한 장면에서나 혹은 살던 동네에서 들어 본 적이 있는 관직일 것입니다. 둘 다 홍문관의 관직입니다.

대제학은 '문형(文衡)', 곧 '학문의 저울'이라 하여, 학자로서 모범이 되는 사람을 가리 키는 가장 영예로운 자리였습니다. 그 아래에 제학이 있는데, 이 자리는 다른 관서에서 겸임하였고, 부제학 이하가 전임관인 녹관, 그러니까 월급을 받는 관원이라는 점은 앞서 살펴본 대로입니다. 그래서 홍문관도 부제학의 품계가 정3품이므로 정3품 아문입니다.

이들에게는 특권도 있었습니다. 국왕의 자문을 담당하는 것만으로도 특권이 생길 수 밖에 없었습니다. 그래서 이들을 왕의 비서인 승지나 기록을 담당하는 사관과 함께 근시 (近侍), 즉 가까이서 임금을 모시는 사람이라 불렀습니다.

특히 이들이 학문에만 매진할 수 있도록 '사가독서(賜暇讀書)'를 주기도 했습니다. 휴가 를 주어 아예 책만 읽게 하는 것이죠. 요즘 대학에서 교수에게 주는 연구년과 비슷하게 관청 업무를 보지 않고 공부만 하도록 배려하는 것이었습니다. 그렇게 공부하던 곳을 독 서당(讀書堂)이라고 했는데, 한강 동호(東湖)에 있어서 호당(湖堂)이라고도 불렀습니다. 지 금의 서울 동호대교 북단 옥수동이 그곳입니다.

경연 현장 생중계

　　　　　　　　　　　　　　자, 그럼 경연 현장을 볼까요? 광해군이 폐위된 직후 열린 인조 때의 경연장을 생중계해 볼까 합니다. 인조 원년(1623) 3월 26일 열린 경연입니다. 광해군이 반정으로 폐위된 날짜가 3월 14일이니까, 불과 12일 뒤의 일이군요.

　반정 상황이 수습되자마자 홍문관에서 경연을 열라고 인조에게 제안합니다. 그에 따라 경연관 임명 등의 과정을 거쳐서 열린 경연이지요. 아침 공부인 조강이고요, 장소는 창덕궁 명광전(明光殿)입니다.

　시독관 이민구가 아뢰기를,
　"근년 이래 명분이 땅을 쓴 듯이 없어지고 사치가 풍조를 이루어, 노복 등의 하천배가 모두 분수에 넘치는 옷을 입었는데 지금은

벗어 버리고 입지 않습니다. 이는 틀림없이 두려워하는 마음이 있어 그러는 것이니, 이 기회를 계기로 엄히 금하여 백성의 마음을 안정시키지 않을 수 없습니다."

하고, 영의정 이원익은 아뢰기를,

"가난한 사람은 자연 할 수 없겠지만, 가난하지 않은 자는 오직 힘만을 믿어 꺼리는 바가 없으니, 사헌부조차도 이를 금하지 못합니다. 세상의 도의가 이 지경에 이르렀으니 참으로 한심합니다."

하였다.

이원익은 광해군 때 대동법 실시를 주장했던 인물입니다. 광해군을 비롯한 기득권 세력의 반대로 대동법이 실패한 뒤, 반정 이후 다시 조정에 들어와 대동법을 추진했습니다. 그는 부자들이 그들의 부와 권세만 믿고 날뛰게 된 상황을 고발하고 있는 것입니다.

지사 신흠은 아뢰기를,

"인품이 고르지 않아, 상등(上等)인 사람은 성군(聖君)을 기다리지 않고도 분발하지만, 중등 이하의 사람은 조정이 숭상하는 것을 보고 본받습니다. 사치와 토목 등의 일 같은 것은 오직 위에서 하는 것을 그대로 따르는 것입니다. 그러므로 본모습이 단정하면 그 그림자는 자연 곧게 되기 마련입니다."

하니, 상이 이르기를,

"경들의 말이 옳다. 위에서 행하면 아래서 본받는 것은 당연한 이치이다."

하였다.

신흠은 조선의 문장 4대가로 알려진 분입니다. 위의 말은 광해군 때 대규모로 벌인 토목공사와 사치풍조를 비판한 것입니다. 인조에게 광해군의 잘못된 정치를 반면교사로 삼으라고 경계하는 말이지요.

특진관 이필영이 아뢰기를,

"수령은 직접 백성을 다스리는 관원이라 신중히 선택하지 않을 수 없습니다. 들건대 어제 수령을 특별히 제수하는 명이 있었다 하는데, 이는 곧 광해군 시대의 구습입니다. 만약 공로가 있는 사람이라면 후히 상을 내리면 됩니다. 출발이 이와 같으니 나중에 나타날 폐단이 몹시 우려됩니다."

하고, 이원익은 아뢰기를,

"인척이 되는 사람에게 특별 제수의 명이 있었다면 이는 사은(私恩)인 것입니다. 새로이 시정하는 이때 마땅히 이와 같은 일은 삼가야 합니다."

하니, 상이 이르기를,

"그들의 부자가 모두 공로가 있기에 이번의 인사가 있었던 것인데, 이 또한 시험해 보고 쓸 만하면 쓴다는 뜻에서 나온 일이다."
하였다.

특진관은 원래 경연관이 아니지만 덕행과 학문이 높아 경연에 특별히 초빙된 사람입니다. 이필영은 수령직이 백성의 삶과 직접 관련이 있기 때문에 아무에게나 상으로 주어서는 안된다고 주장하였습니다. 이원익은 아예 사은(私恩), 즉 '사사로운 은혜'라고 못 박았네요.

광해군 대에 은을 바치고 수령 자리를 얻는 일이 비일비재했습니다. 그렇게 수령이 되면 백성을 더욱 착취했지요. 그래서 반정 후 제대로 된 사람을 수령으로 파견해야 한다는 여론이 높았습니다. 그런데 바로 전날인 25일에 반정에 참여한 공으로 심기원의 아버지 심간과 홍진도의 아버지 홍희를 수령에 제수(임명)하라는 명이 있었던 것이지요. 그래서 이런 비판이 있었습니다. 그러니까, 그 심간과 홍희를 수령으로 삼은 데 대한 비판이 이어지자 인조도 일단 시험해 본 뒤에 판단하자고 미루었던 것이군요. 관리 임용의 원칙을 경연에서 논의한 사례로 볼 수 있습니다.

정언 오숙이 아뢰기를,
"임금의 학문이 고명하면 궁중이 깨끗해지고 여알(女謁)도 자연 근절됩니다. 자주 경연을 열어 자문하기를 게을리 하지 아니하면 잘못된 정치는 자연 제거될 것입니다."

하고, 이원익은 아뢰기를,

"선조 대왕께서 즉위하신 처음에, 아뢰는 말을 즐겨 들었기 때문에 사람들이 다투어 진언하였습니다. 지금의 조정 신하들이 모두 착한 사람은 아니나 그들이 말하는 것은 모두가 좋은 일을 하자는 의도입니다."

하니, 상이 대답하지 않았다.

여알은 보통 '여자의 청탁'이라고 하는데, 여기서는 광해군 대에 왕비의 외척이나 상궁이 협잡을 꾸미고 모략하는 데 앞장섰던 일을 경계하는 말인 듯합니다. 이원익이 신하들의 말을 귀담아들으라고 충고했습니다. 그런데 인조가 대답을 하지 않았네요? 제 생각에는 일부러 인조가 '대답하지 않았다'고 적은 것으로 보입니다. 인조가 이원익의 말을 깊이 새기지 않고 있다는 것을 보여 주는 기록 방법이지요.

지평 조정호가 아뢰기를,

"임금이 직언을 받아들이는 것은 실로 아름다운 일인데, 전하께서 경연에 임하여 문답이 적으신가 하면, 대신의 말까지도 너그럽게 받아들이는 의도가 없으십니다. 정치 쇄신의 초기에도 오히려 이와 같으니 훗날의 일이 몹시 염려됩니다."

하니, 상이 이르기를,

"내 어찌 듣기 싫어하는 마음이 있겠는가."

하였다.

바로 앞에 이원익의 말에 대해 인조가 대답이 없으니까 조정호가 다시 한 번 인조를 비판합니다. 경연에서 문답이 적다는 것은 경연에 임하는 태도가 적극적이지 않기 때문이라는 비판입니다. 반정 후 경연을 몇 번이나 했다고 이렇게 다그치나 싶기도 하여 인조가 측은하기도 하네요. 어디 국왕 노릇이 편하겠습니까. 인조는 얼른 "내가 어찌 듣기 싫어하는 마음이 있겠는가."라고 변명합니다. 이렇게라도 대답하여 포화를 피하는 게 상책이지요.

이원익이 아뢰기를,
"즉위하신 처음에 궁중에 혼탁한 일이 있다면 말도 안 되는 일입니다. 이런 폐단은 매섭게 끊어야 합니다."
하니, 상이 이르기를,
"궁중이 혼탁하다는 말은 무슨 일을 지적함인가? 분명히 꼬집어 말하라."
하였다.

이원익이 뭔가 들은 소리가 있어서 이런 말을 꺼냈겠지요? 그런데 인조가 아주 민감하게 반응하지요? 즉위한 지 며칠 안 되어 벌써 이런 말이 나오면 지도력에 치명적이기 때문입니다. 아마 앞서 이원익의 말에 대답하지 않았다가 조정호에게 추궁을 당한 데 대한 부끄러움이 배어 있는 반응인 듯도 합니다.

　이원익이 아뢰기를,
"앞서 대간이 아뢴 것을 보니, 사사로운 선물을 가지고 궐문으로 들어갔다는 등의 일이 있었습니다. 이는 실로 폐조(廢朝 광해군) 때의 그릇된 습관입니다. 이 어찌 보고 듣기에 놀랄 만한 일이 아니겠습니까."
　하니, 상이 이르기를,
"나 역시 그 말을 듣고 놀랐다. 이 뒤로 어찌 또다시 그런 일이 있겠는가."
　하였고, 이원익이 아뢰기를,
"성상의 하교가 이와 같으시니 매우 다행입니다. 임금이 허물이 있어 그것을 즉시 고칠 경우, 마치 해와 달이 일식·월식이 끝나 원상회복이 되어 광채가 있으므로 사람들이 모두 우러러 보는 것과 같습니다."
　하였다.

　이원익이 구체적으로 사실을 지적했군요. 역시 단순히 경계하는 말이 아니었습니다. 대간, 즉 사헌부와 사간원에서 증거를 갖고 있다는 데야 인조도 할 말이 없습니다. 인정하는 수밖에요. 그러면서도 국왕이 인정하고 잘못을 바로잡겠다고 할 때는 이렇게 경의를 표하는 게 예의지요.

신흠이 아뢰기를,
"『서경』에 '사람을 알아보면 명철하다.'고 했습니다. 평소에는 사람이 모두 스스로 착한 사람이라 하나 큰 화와 복을 맞닥뜨리면 흔들리지 않는 자가 드뭅니다."
하니, 상이 이르기를,
"나 역시 귀에 거슬리는 말은 사람마다 쉽게 할 수 없는 것이라 생각한다. 어제 폐주를 잘 대우하라는 윤지경의 말은 참으로 남들이 말하기 어려운 것이다. 그러므로 내가 몹시 가상히 여긴다."
하였다.

신흠도 인조에게 귀에 거슬리는 말도 들으라고 재삼 강조하고 있습니다. 그런데 폐주, 즉 광해군을 잘 대우하라고 윤지경이 말했나 봅니다. 사실 반정 뒤에 이런 말을 하는 게 쉽지 않지요. 인조도 귀에 거슬리는 말, 남들이 하기 어려운 말을 하는 윤지경에게 가상하다고 한 것으로 보면, 군주의 자질이 있었던 듯합니다. 실제로 광해군은 제주로 유배를 갔지만 천수를 누리고 죽습니다.
어떤가요? 경연이 어떻게 이루어지고 무엇을 논의하는지 실감이 나는지요?

2장

살만한 나라를 위해

하루에 세 번 또는 다섯 번

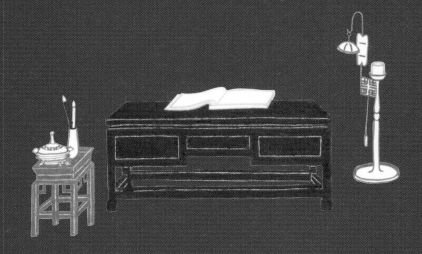

어떤 일이든 하루에 이루어지는 일은 없습니다. 여러 객관적 조건이 있고, 거기에 사람들의 의지가 작동하며, 또 숱한 우연이 결합하여 이러저러한 사건이 발생합니다. 사람들이 아무리 잘하려고 노력해도 조건과 제도가 없으면 방향을 잃고 허둥대는 경우가 많습니다. 경연과 문치도 마찬가지라고 생각합니다.

여기서는 경연의 목표와 내용을 구체적으로 살펴보겠습니다. 국왕은 세자 때부터 훈련을 받습니다. 소통의 훈련, 이해의 훈련입니다. 세 살 적 버릇 여든까지 간다고 했으니까요. 모여 논의하고 고민합니다. 하루 세 번도 모자라, 네 번, 다섯 번 합니다.

여기서 권력의 현실적 위계나 잠재적 횡포를 벗어날 수 있는 길이 열렸습니다. 공유할 가치가 있고, 함께할 미래가 있기 때문입니다. 경연이 작동하는 한 나라와 사회가 함부로 방향을 틀지 않았고 살 만한 조건에서 크게 어긋나지 않았습니다. 그 바탕에는 배움이 세상을 바꾼다는 유학의 깊고 오랜 신념과 경험이 있었던 것이고요.

공과 사를 구분하다

경연을 통해 달성하려는 목표는,
첫째, 그때그때 『논어』면 『논어』, 『대학』이면 『대학』을 읽으면서 수신
(修身), 흔히 '몸을 닦는다'고 표현하는 인격과 덕성의 함양을 추구하
는 것입니다. 둘째, 국정의 현안과 정책에 대해 논의하는 것입니다.
얘기를 하다 보니, 앞 장에서 이런 논의의 현장을 이미 살펴보았네요.
경서와 역사서를 논의하다 보면 자연스럽게 현재 정치 상황과 정책
에 대한 검토로 이어졌던 것이지요.

환관과 첩을 경계하라
'수신'이란 말은 어느 틈엔가 우리 교육에서 사라진 단어입니다. 그래

서 낯설면서도 신선한 느낌이 듭니다. 경연에서는 늘 수신을 강조하게 마련입니다. 태조 원년(1392) 11월 언론을 담당하는 간관(諫官)이 올린 상소부터 볼까요. 경연을 왜 해야 하는지, 강조한 대목입니다.

군주의 학문은 한갓 외우고 설명하는 것만이 아니라, 날마다 경연에 나가서 학자를 맞이하여 강론을 듣는 것입니다. 그 이유는 첫째, 훌륭한 사대부를 접견하는 시간이 많아지면 그 덕성을 훈도할 수 있기 때문입니다. 둘째, 그렇게 공부를 하다 보면 환관과 첩을 가까이할 때가 적어지기 때문에 군주가 게을러지는 것을 떨쳐 버릴 수 있습니다. *

태조 원년이면 조선이 건국되던 해입니다. 처음부터 뭔가 군주를 단속한다는 느낌이 들죠? 몸을 훈련한다는 말은 알겠지만, 환관과 첩을 가까이하는 것과 군주가 게을러지는 것을 막는다는 것은 무슨 의미였을까요? 이 점은 사실 그 자체가 흥미롭기도 하고, 조선 정치사에서 중요하기도 합니다. 여말 선초, 그러니까 고려 말에서 조선 초 지식인, 관료 들이 성리학을 배우기 시작하면서 정치의 공공성에 대한 인식이 높아집니다. 그 관념의 연장에서 국왕이라도 사적 생활과 공적 생활을 혼동하면 안 된다는 것이지요.

● 『태조실록』 1년 11월 14일

조선 시대 환관도 내시부라는 관청의 소속이고, 군주는 왕비 외에 후궁을 제도적으로 둘 수 있게 되어 있었으므로 그것 역시 공적 영역이 아닌가 하는 질문을 할 수 있습니다. 제도로만 보면 그렇습니다. 그런데 이들을 국왕의 사적 영역, 여기에는 요즘 말하는 프라이버시라는 말이 적합할 텐데요, 그 프라이버시 영역을 담당하는 사람들이라고 보았습니다. 그렇기 때문에 그들은 공론(公論)으로 이루어지는 정치에 간여해서는 안 되는 사람들인 것이지요.

그리고 환관의 정치 간섭이나, 후궁에 대한 총애로 정치를 그르쳤던 역사적 경험이 그런 판단으로 이어졌습니다. 이들은 국왕의 일상을 관리하는 사람들입니다. 사사로운 관계를 맺기 쉽습니다. 그래서 공식적인 의사결정이 아닌 자의적인 의사결정의 여지가 많은 것이고, 이것이 종종 정치 혼란의 원인이 되어 왔지요. 환관이 발호했던 사례는 멀리 중국 한나라 말기 십상시(十常侍)라 불리던 환관 십여 명이 일으킨 난부터 수도 없이 있었지요. 후궁이나 첩에 빠져 정사를 그르친 사례 역시 그러했습니다. 당나라 현종 때 양귀비도 그런 경우 중 하나이지요.

사냥도 하지 말라

군주는 게으르거나 놀기 좋아해서는 안 된다고도 합니다. 왜냐하면 그 피해가 고스란히 백성에게 돌아가기 때문입니다. 태조 때의 사례

하나 더 볼까요? 태조 7년(1398) 12월 겨울의 경연입니다.

이날에 임금이 경연에 앉아서 강론을 하는 길에 '거칠 황(荒), 편할 녕(寧), 황녕'이 무슨 뜻인지 유관에게 물었다. 유관이 대답하기를,

"옛날 사람이 말하기를, '여색에 미치고 사냥에 미치게 된다'고 했습니다. 거칠 황 자는 어떤 일에 미친다는 것이고, 군주가 마땅히 경계해야 될 일입니다."

하니, 임금이 말하기를,

"그렇다면 절대 나는 사냥을 할 수 없단 말인가?"

하였다. 유관이 대답하기를,

"봄에 사냥하고, 여름에 사냥하고, 가을에 사냥하고, 겨울에 사냥하는 것은 옛날의 제도입니다만, 이는 종묘의 제사에 바치기 위한 것이며, 사냥 자체를 좋아한 것이 아닙니다. 후대의 군주들은 함부로 욕심을 부려, 사냥을 마음대로 하면서 각처로 돌아다니며 노는 데 절도가 없게 되었으니, 매우 옳지 못한 일입니다."

하니, 임금이 말하기를,

"그렇다."

하였다. 또 이서가 나아가 말하기를,

"군주는 물건을 가지고 노는 일에 즐겨 해서는 안 됩니다. 만약 물건을 가지고 노는 일에 치우치게 된다면 소중한 자기의 본심

(本心)을 잃게 될 것입니다."
라고 하였다. •

    임금에게 사냥을 하지 못하게 했네요. 사냥은 운동도 되고 건강에
도 좋았을 텐데 왜 못하게 한 걸까요? 유관이 한 말에 답이 있습니다.
우선 사냥은 놀이라는 것이지요. 놀이를 하다 보면 탐닉하게 됩니다.
정신이 팔리게 되는 것이지요. 그걸 거칠 황 자와 음란하다 할 때의
음 자를 써서, 황음(荒淫)이라고도 하고, 이 태조의 질문에서처럼 황
녕이라고도 했지요.

    임금이 사냥 같은 놀이에 빠져 있으면 정치를 제대로 할 수 없다고
본 것입니다. 더 주목하고 싶은 것은, 사냥의 정당성은 놀이가 아니
라, 종묘의 제사를 위한 수단으로써만 인정했다는 것이지요.

    예전에는 종묘 제사를 위해 사냥하는 데서 그쳤는데, 그 뒤로는 사
냥을, 다른 동물을 죽이는 일을 재미로 한다는 말입니다. 종묘 제사는
인간의 종족 보존이 제사라는 예식으로 표현된 것이니까 거기까지는
인정할 수 있다, 그러나 갈수록 사람들이 재미로 동물을 죽이는 사냥
을 즐겼다, 이런 비판입니다.

    조선 사회를 이끌어 갈 삶의 비전, 문명의 비전을 이런 방향에서 끌
어 나갔다는 점에 주목할 필요가 있습니다. 그저 사냥을 비판한 것이

• 『태조실록』7년 12월 17일

아니었지요. 역사 공부가 단순히 과거를 아는 게 아니라 현재를 이해하는 길이라는 생각이 순간적으로 듭니다. 그러면 조선 국왕들은 사냥을 하지 않았을까요?

태조 이성계는 무인입니다. 그러니까 사냥에 익숙했지요. 그런데도 유관 같은 신하의 말에 수긍합니다. 그렇지만 오랜 습관이 금방 없어지지는 않지요. 태종은 고려 말에 과거급제를 했을 정도로 공부를 했지만 역시 아버지의 피를 이어받아 무인의 풍모가 강했고 사냥을 좋아했습니다.

조선 초기 어느 시점에선가 국왕이 사냥하는 일이 사라집니다. 아마 세종 때부터가 아닌가 합니다. 물론 그 후 세조는 다시 사냥을 즐깁니다. 연산군도 그랬지요. 연산군과 세조는 우리가 논의하는 경연과 관련해서도 공통점이 있는데, 뒤에 얘기하지요. 아무튼 국왕은 사냥 대신 활쏘기만 하도록 합니다. 활쏘기는 일종의 마음 다스리는 공부이기 때문입니다.

정리하자면, 경연의 중요한 목적은 자신을 다스리는 것, 곧 수신과, 국정 현안과 정책을 논의하는 것입니다. 그 수신 가운데 사냥이나 놀이에 빠지지 않는 것이 중요하다고 강조했다는 사실을 알 수 있습니다.

공부하여 성군이 되어야 한다

누구나 성인이 될 수 있다는 것이 유학사상의 핵심입니다. 사극을 보면 성군이나 성상(聖上)이란 말이 자주 나오지요? 여기서 '성'은 말할 것도 없이 '성인(聖人)'이라고 할 때의 성입니다. 거룩하다, 성스럽다는 뜻입니다.

성군이나 성상이란 말은 단순히 임금을 높이는 표현이기도 했습니다. 그러나 더 중요한 것은 '내성외왕(內聖外王)', 곧 유가에서 국왕은 성인이어야 했다는 것입니다. 그것은 훈련이나 공부를 통해서 달성됩니다. 지금은 성인이 아니라도 성인이 되도록 노력하는 모습이 군주의 덕성이라고 생각했던 것이지요.

이렇게 보면 조선의 임금님들, 왕노릇 하기 어려웠다는 생각이 듭니다. 그래서 그 어려운 자리를 담당할 재목이라는 뜻에서 임금의 자질, 즉 왕재(王才)가 있다, 없다 하는 말이 나왔겠지요. 쉽지 않는 자리를 쉽게 하려다 보면 그 고통은 모두 백성의 몫이 됩니다.

경연이라는 프리즘을 통해서 보면 조선 국왕은 힘든 하루를 보냈습니다. 군주가 끊임없이 공부하고 신하들과 대화를 나눌 수 있는 열린 귀를 가져야 성군이라는 메시지일 것입니다.

적어도 하루 세 번,
밤에도

역사는 사실에 근거하지만, 사실을 어떻게 배치하고 정돈하느냐에 따라 새로운 시각을 선물하기도 합니다. 경연이 있는 이상 왕정은 전제적이기 어렵다고 판단할 수 있을 만큼, 경연을 통해 군주의 덕성을 훈련시켰습니다. 정종은 허수아비 군주였다고 할 수 있을 정도였는데도 경연을 계속했습니다. 여기서 궁금한 게 있습니다. 국왕은 온갖 가지 일을 책임진다고 할 정도로 할 일이 많은데, 공부는 얼마나 해야 했을까요?

시간 날 때마다

국왕은 온갖 가지 일, 만기(萬機)에 최종적인 책임을 집니다. 살피고 고민할 일이 많지요. 당연히 그 많은 일을 하고 경연도 해야 하니 왕도 중노동이었을 것 같다고요? 그런데 잘 생각해 보면 그게 아닙니다. 혼자 처리하려면 어렵지만, 여럿이 의논하여 처리하면 쉽습니다. 진시황은 혼자 국정을 처리하려다 무리를 했습니다. 정치 문서를 근(斤)으로 달아서 처리해 버렸다고 하지요. 그러느니 경연처럼 군신(君臣)이 만나는 정례 세미나가 있으면 거기서 서로 논의하여 처리하면 되거든요. 그러면 사실 힘이 덜 들고 합리적인 방안이 도출되기 쉽습니다.

세종 때는 경연이 수시로 열렸습니다. 아마 각종 편찬사업 때문이기도 했을 것입니다. 늘 연구하고 정리하고 편찬하는 일을 반복했으니까요. 세종 2년 2월의 상황을 볼까요?

정무를 보고 경연에 나갔다. 임금이 유관에게 『고려사』의 교정에 대해 물었더니, 유관이 대답하기를,
"역사란 만세의 귀감(龜鑑)이 되는 것인데, 전에 만든 『고려사』에는 자연재해에 대한 것을 모두 기록하지 않았으므로, 지금은 모두 이를 기록하기로 하겠습니다."
하니, 임금이 말하기를,
"모든 선과 악을 다 기록하는 것은 후세 사람에게 경계하려는 뜻인데, 어찌 재난이라 하여 이를 기록하지 않겠는가."
하였다.

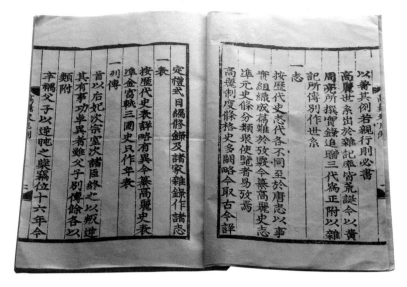

以著其例者親行則必書

高麗世系出於雜記率皆荒誕今以

周元所撰實錄追贈三代爲正附以雜

記所傳別作世系

一 志

按歷代史志代各不同至於唐志以事

實組織成稿難於攷覽令纂高麗史志

準元史條分類聚使覽者易攷焉

高麗制度條拾史多闕略今取古今詳

定體式目編修錄及諸家雜錄作諸志

一 表

按歷代史表詳略有異今纂高麗史表

障金窩軾三國史只作年表

一 列傳

首以后妃次宗室諸臣終之以叛逆

其有事功卑異者雖父子別傳餘各以

類附

辛鶡父子以逆眈之纂稿位十六年今

고려사 조선 시대 태조의 명에 따라 1392년부터 편찬하기 시작하였으나 전하지 않고, 세종 대에 다시 편찬하기 시작하여 문종 원년(1481)에 완료하였다.

이때는 『고려사』를 편찬하던 중이었습니다. 재이, 그러니까 가뭄이나 홍수, 한발 같은 자연재해의 기록도 빼지 않고 기록하겠다는 편집 방침이 논의되었던 것이지요.

『고려사』는 태조 때부터 편찬을 시작합니다. 정도전이 주관했지요. 정도전이 죽은 뒤 책임자가 바뀌고, 또 『고려사』의 편찬 체재와 관련된 논의가 정리되지 않은 탓에 세종 때까지 아직 완성하지 못하고 있었습니다.

세종 때까지는 경연을 하는 데 따로 시간을 정하지 않고 수시로 현

고려사 편찬 방식

『고려사』는 정사(正史)로, 고려가 망하고 뒤를 이은 조선 왕조가 이전 왕조의 역사를 전체적으로 정리한 역사서입니다. 그런데 고려 때『삼국사기』를 편찬한 이후 거의 300년 만에 정사를 편찬하다 보니까, 어떤 방식으로 편찬하는지 알 수가 없었습니다. 우리도 몇 년 지나면 지난번에 어떻게 했는지 모르지 않습니까?『고려사』편찬의 경우는 더 그랬겠지요. 그래서 처음에는 편년체, 즉 날짜, 연도별로 기사를 늘어놓는 방식으로 편찬합니다. 실록과 같은 방식입니다. 그러나 통상 정사는 기전체(紀傳體)로 편찬합니다. 한나라 무제 때 사마천이 편찬한『사기』를 아시지요? 바로『사기』가 기전체입니다. 항우본기, 고조본기가 있고, 제후 수준의 역사를 다룬 세가(世家), 각각 인간들의 군상에 대한 서술인 열전(列傳)이 있지요. 거기에 연표나 각종 문물에 대한 기록인 지(志)가 있습니다. 산업과 물산에 대한 식화지(食貨志), 서적 등 문화 활동은 경적지(經籍志)나 예문지(藝文志)에 기록합니다. 이 지를『사기』에서는 서(書)라고 했습니다.

　왕조나 국가 단위는 편년체보다 기전체가 전체적으로 역사를 조망하기 편하다는 것을 알게 되지요. 반고(班固)의『한서』이후로는 그런 체재가 관례가 되었습니다. 그래서『고려사』도 결국은 기전체로 편찬되었습니다.

안이 있을 때마다 열었던 것으로 보입니다. 일이 많기도 했고 가르칠 사람이 없기도 했습니다. 또 경연 관청이 정비되지도 않았거든요. 그러다가 차츰 경연을 담당하는 관청이며 시간과 방법 등에 대한 제도적 정비를 하기 시작했습니다.

하루에 세 번, 의관을 갖추고

경연을 당연시하다 보면, "자, 이제 시간을 정해서 하자.", 이런 합의가 나오겠지요? 그랬을 겁니다. 이미 세종 초에는 경연의 좌석이 정해져 있었지요. 경연장의 수장 격인 영경연은 동쪽 벽에, 그다음의 지경연과 동지경연은 서쪽 벽에 앉게 하고, 나머지 참찬관 이하는 남쪽 줄, 그러니까 임금 앞에 쭉 앉았습니다. 경연 횟수, 시간 등에 대해서는 단종이 즉위하자마자 경연 규정, 즉 사목이 정해집니다.

의정부에서 경연을 할 규정을 아뢰었다.

1 매일 아침 강의에 대간(臺諫)·사관(史官) 각 1명, 낮 강의와 저녁 강의에는 사관 1명이 참석한다.

1 영경연관을 접견하는 날은 익선관(翼善冠)·백의(白衣)·오서대(烏犀帶)를 갖추고 나아가고, 평상시에는 편복(便服)을 입고 나아간다.

1 아침 정무 보고가 있는 날에는 낮 강의는 없애고, 매일 저녁 강

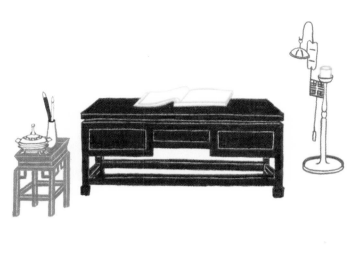
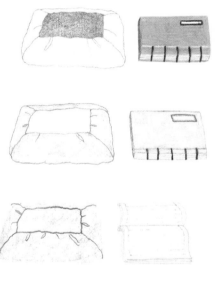

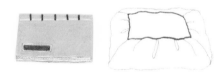

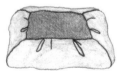

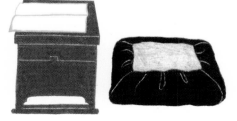

의에는 예전 배운 것을 익힌다."●

    짧은 규정이지만 하나씩 보면 재미가 있습니다. 첫째, 아침, 점심, 저녁으로 하루 세 번 공부하는 경연의 삼강(三講) 제도가 이때 정리됩니다. 각 관청에서 5일에 한 번 국왕에게 주요 업무를 보고할 때는 점심 강의를 하지 않았습니다. 할 시간이 없었겠지요. 하루 세 번 중에 저녁 공부 때는 전에 배운 것을 복습하는 형식으로 진행되었습니다.

    그럼 첫 번째 조항에서 대간과 사관이 참석한다는 말은 무슨 뜻일까요? 경연에는 경연관들이 참석합니다. 집현전과 홍문관의 관원이 경연관이지요. 그런데 관리 감찰과 언론을 맡은 대간, 경연 장면을 기록으로 남기는 사관도 꼭 배석하게 한 것입니다. 대간은 경연 석상에서 흐트러진 모습을 보인 관리를 탄핵합니다. 그렇다면 사관은 무얼 할까요? 다 적습니다.

    두 번째 규정은 임금의 복장에 대한 내용입니다. 영경연관은 영의정입니다. 영의정은 경연에서 사(師), 즉 임금의 스승이 됩니다. 그러니까 영의정이 올 때는 익선관 차림의 정무를 보는 정식 차림으로 경연에 참여하고, 그렇지 않을 때는 조금 편한 옷으로 경연에 참여한다는 것입니다.

    요즘 직장도 휴가가 있고, 학교는 잠시 쉴 수 있는 방학이 있는 것

● 『단종실록』 즉위년 9월 18일

처럼, 경연에도 방학이 있었습니다. 국가적인 상중(喪中)이거나, 공부를 할 수 없을 정도로 국왕의 건강이 좋지 않을 때는 경연을 쉬었습니다. 또 한여름 삼복 더위 때는 공부를 하지 않았습니다. 그러나 이런 예외적인 경우를 제외하고는 성군이 되기 위해서 경연을 게을리해서는 안 되었던 것입니다.

야간학습, 그리고 몸으로 공부하기

앞서 이야기했던 것처럼 성종 9년이 되면 경연을 담당하는 관청이 다시 생깁니다. 홍문관이지요. 이름은 달라도 관원의 구성, 관직은 집현전과 같았습니다. 성종 때는 이 밖에 경연 자체가 확대됩니다. 먼저 보실까요?

야대(夜對)에 나아갔다. 『고려사』를 강의하다가 '의종 15년(1161)에 왕이 총애하는 여자가 왕을 유혹하려고 비밀리에 닭 그림을 침상 요 안에 넣어 두었다.'는 데에 이르렀다. 임금이 말하기를,

"어찌하여 닭 그림을 넣어 두었는가?"

하니, 시강관 유순이 대답하기를,

"예전에 듣지 못한 일인데, 아마 당시 임금에게 잘 보이려고 요사스러운 꾀를 낸 듯합니다."

하였다. 동부승지 현석규가 아뢰기를,

"임금이 좋아하고 숭상하는 것은 삼가지 아니할 수 없습니다. 의종이 음양과 터부를 믿었기 때문에 그 신하들이 많이 미신으로 미혹하게 하고, 한(漢)나라 때 무고(巫蠱)의 옥사(한나라 때 강충이 무제가 병이 들자 여 태자가 저주한 때문이라고 거짓 고발하여 많은 사람이 죽임을 당한 사건)도 역시 무제의 허물입니다."
라고 하였다. *

'야대'라고 했으니 밤에 만나 공부했다는 말이겠지요? 그렇습니다. 성종 때는 바로 이 야대와 함께 소대라는 방식의 경연도 이루어집니다. 말 그대로 불러서 만나는 것이지만, 수시로 세미나를 하는, 항시 학습체제가 갖추어졌다고 할 수 있습니다.

『고려사』를 공부했네요? 바로 이전 왕조인 고려 시대를 공부하는 중입니다.『고려사』는 세종 다음 임금인 문종 때 완성되었습니다. 이 때가『동국통감』, 그러니까 삼국 시대를 포함한 동국의 역사를 편찬하려던 때였는데, 아마 이런 관심 때문에『고려사』를 공부하지 않았나 합니다.

성종 대에는 즉위 초부터 바로 경연을 시작했습니다. 그런데 이전 세조 때에 친강으로 기존의 경연 구조가 깨졌기 때문에 경연 자체를 다시 정비하는 과정이 필요했습니다. 다음과 같은 조치입니다.

● 『성종실록』6년 2월 8일

임금이 장차 경연에 나오려고 하는데, 고령군 신숙주가 사목을
만들어 아뢰었다.

1 『논어』를 강의한다.

1 아침 강의에는 소리 내어 음과 해석을 각각
세 번씩 읽고 난 후에 임금이 음과 해석을 각
한 번씩 읽고, 낮 강의에는 임금이 아침에
배운 내용에 대해 음과 해석을 각 한 번씩
읽도록 한다.

1 아침 강의에는 당직 원상(院相) 2인,
경연 당상 1인, 낭청 2인, 승지 1인,
대간 각 1인, 사관 1인이 참석한다. 낮
강의에는 승지 1인, 경연 낭청, 사관 1인이
궁중에 들어온다. 항상 음(音)은 스무 번,
해석은 열 번을 읽는다. ●

신숙주가 제시한
경연 규정의 관원
구성을 보니
거의 세조

● 『성종실록』 즉위년 12월 9일

이전으로 회복되는군요. 맨 밑에 말한 음이란 말 그대로 글자의 음을 소리를 내서 읽는 것입니다.

음뿐이 아니라, 해석도 소리를 내서 읽습니다. 이렇게 책 읽는 소리를 옆집 규수가 듣고 어떤 도련님인가 보고 싶어 자기도 모르게 담장을 넘었다는 얘기도 전해 오지요.

저도 '지곡서당'에서 이런 방식으로 사서삼경을 공부했습니다. 돌아가신 청명 임창순 선생님께서 지곡서당을 세우셨고 200명 넘는 제자를 길렀습니다. 저 역시도 사서삼경을 배우면 외워서 선생님께 검사를 받았습니다. 그걸 '강(講) 바친다'고 했지요. 처음에는 외우는 훈련을 해본 적이 없어서 무척 고생했습니다.

저는 잘 못하는 축이었고, 잘하는 동료가 소리 내어 읽는 소리를 들으면 정말 같은 남자라도 가슴이 설렐 때가 있습니다. 그런데 요즘은 이렇게 소리 내어 읽는 공부 방식이 없는 듯하지요? 어학 배울 때 빼고는요. 왜 이렇게 되었을까요? 먼저 교육 공간이나 규모와 상관이 있는 듯합니다. 근대 교육이 닫힌 공간인 교실에서 이루어지고, 또 많은 인원이 함께 배우기 때문에 그렇게 변화한 것이 아닌가 합니다.

그렇지만 더 큰 이유는 지금의 공부가 몸으로 하는 공부가 아니라 머리로 하는 공부로 바뀌었다는 데 있는 듯합니다. 인간의 학습이 이성(理性) 중심으로 이루어지면서, 생각-이해가 곧 공부인 것으로 되어 버렸습니다. 그러나 수학선생님이 칠판에 문제 푸시는 걸 보면 나도 풀 수 있을 듯하지만 안 되는 경우가 많습니다. 왜 그럴까요? 그건 머리로만 이해하는 것은 내 것이 아직 덜 되었기 때문입니다. 손으로 푸는 건 손으로 해 봐야 하고, 말해야 되는 건 말로 해 봐야 공부가 되는 것이지요. 달리기도, 등산도, 만들기도 마찬가지입니다. 몸으로 익혀야 하는 거지요.

세자의 공부,
서연

하루 3강 + 보충학습(소대, 야대)을 통해 열심히 공부하는 조선의 국왕과 경연관들. 어때요, 공부하는 습관이 몸에 익지 않으면 참 괴로웠겠지요? 공부도 습관이니까요. 물론 이때 공부는 수학, 영어 문제를 풀고 외우는 것이 아니라, 몸의 훈련이고 인문학이었으므로 습관이 들수록 재미는 있었을 것입니다. 그리고 그 습관은 어렸을 때 익히는 것이 훨씬 쉽습니다.

세자라면 마땅히 갖추어야 할 것

세자도 공부합니다. 서연(書筵)은 세자, 즉 장차 국왕이 될 왕자를 교육하는 제도입니다. 세자는 시간이 지나면 국왕이 되기 때문에, 서연의 연장이 경연이라고 할 수 있겠지요. 인격 성장은 하루아침에 이루어지는 것이 아니기에, 종신 임기가 보장되어 있는 왕조체제에서는 서연이 경연만큼이나 중시되었습니다.

조선 후기 사도세자 때의 서연을 하나 소개할까요? 영조는 사도세자에게 이런 말을 한 적이 있습니다. "음식은 한때의 영양과 맛이고, 학문은 일생의 영양과 맛이다. 배부르고도 체하지 않는 것은 오직 학문이다."* 이런 영조가 사도세자의 서연에 관심을 갖지 않을 수 없겠지요. 이 말을 하기 1년 전(1748)에 영조는 서연에 직접 참석합니다. 창경궁 환경전이었습니다. 서연을 맡은 시강원 관원도 당연히 모였습니다. 날씨 얘기도 하고 안부도 묻고 한 뒤, 영조가 동궁 사도세자에게 앉으라고 하고 대화를 시작합니다.

"네가 나와 약속했으렷다. 열심히 읽었다면 잘 외우겠지. 오늘은
신하들이 보고 있으니 잘 외워야 될 것이다."
"안 보고 외워야겠지요?"(영경연사 김재로의 말)
"그렇다."
왕세자가 말씀대로 『중용』 서문을 읽었다.
"서문이 짧지 않은데 저하께서 한 자도 안 틀리고 외우셨으니, 참
으로 기특하십니다."

● 『영조실록』 25년 2월 17일

......

"세자는 본문 앞의 정자(程子) 말과, 본문 1장을 외울 수 있겠느냐?"

"음하고 풀이까지 말씀이세요?"

"네 맘대로 해보거라."

왕세자가 다 읽었다.

"1장 주석까지도 다 해봐라."

왕세자가 말씀대로 다 읽었다.

"오늘은 잘 외웠다. …… 가장 지혜로운 사람도 어찌하여 욕망이 있고, 가장 어리석은 사람도 어찌하여 섭리에 따르는 마음이 있느냐?"

"지혜로운 사람도 육신이 원하는 사사로움이 있기 때문에 욕망이 없을 수 없고, 어리석은 사람이라도 하늘에서 타고난 성품은 한가지이기 때문에 섭리를 따르는 마음이 있습니다."●

사도세자의 비극은 영조의 비극이기도 했습니다. 세자가 아닐 수 있었지만 세자라는 중임을 맡은 사람, 그 중임을 수행할 역량을 요구한 아버지이자 국왕인 영조. 보통 사람들의 집에서는 안 일어나도 되는 일이 왕실이라는 특정 조건에서 벌어진 경우입니다. 아무튼 이는

● 『승정원일기』 영조 24년 9월 21일

회강반차도 세자가 공부하는 장면을 그린 그림으로, 빈 자리가 세자의 자리이며 맞은편에 시강원들이 앉아 있다. 조선 후기, 서울대학교 규장각 소장.

별도의 주제니까 일단 넘어가고, 우리는 여기서 세자 교육, 서연의 면모를 살필 수 있습니다. 당시 사도세자의 나이 14살이었습니다.

생각해 보면 다른 관료들은 과거시험을 통해 관직에 들어오는데, 국왕만 세습제로 대를 이었던 것이 조선 시대였습니다. 음서라고 해서 공신처럼 나라에 공을 세운 사람의 자손이 관직에 나올 때 특혜를 주는 경우가 있기는 하지만, 조선 시대에는 과거제도가 중요했습니다. 과거시험에 합격해야만 누구나 떳떳한 관료로 인정을 받았지요.

공무원을 시험으로 뽑다니!

인류사로 보면 세습이 아니라 시험으로 공무원을 뽑는 제도는 매우 획기적인 것입니다. 지금은 공무원을 시험으로 뽑는 것을 당연시합니다만, 봉건사회를 막 빠져나왔던 유럽에서 중국에 왔던 상인이나 사신 들은 중국에서 과거시험을 통해 관료를 선발하는 것을 보고는 깜짝 놀랐다고 해요. 아니 어떻게 공직을 귀족이 세습하지 않고 시험으로 뽑는가, 하는 경이감이었지요.

동아시아에서 언제부터 관료를 시험으로 뽑았을까요? 중국은 당나라 때부터 그렇다고 하고, 고려 시대에는 음서제가 기초였지만 후대로 내려올수록 과거제의 중요성이 커졌지요. 그런데 흥미롭게도 변화하지 않는 것이 정치권력의 가장 정점에 있는 국왕의 세습입니다. 왜 왕은 시험으로 뽑을 생각을 하지 않았을까요? 과거시험에서 장원을 하면 왕을 시킨다든지, 하다못해 요즘처럼 투표를 할 수도 있지 않았을까요?

정답은 모르겠습니다. 하지만 이런 정도는 얘기할 수 있을 것 같습니다. 어떤 역사적 조건이 국왕을 과거시험을 통해 뽑는 일을 막았든지 간에, 이들은 이러한 추세 속에서 국왕도 예외일 수 없는 장치를 만들어 냈다고 말입니다. 과거시험을 통해 뽑힌 사대부들이 추구한 민본주의와 왕도정치의 이상(理想)에 국왕이 동의하게 하는 장치, 그것은 말할 필요도 없이 경연이었습니다.

경연은 그들의 이상을 국왕에게 끊임없이 교육함으로써 동의하게 만드는 일, 아니 몸에 배게 만드는 일이었습니다. 이렇게 보면 조선 사회에 들어와 경연이 제도적으로 완결성을 갖게 되고 활발해지는 이유를 조금 더 이해할 수 있지요?

그렇기 때문에 국왕도 그에 상응하는 학문을 쌓을 필요가 있었던 것입니다.

기초부터 차근차근

왕이 될 왕자는 원자나 세자 때부터 훈련을 시켰습니다. 경연과는 학습 과목이 달랐습니다. 『천자문』, 『소학』, 『동몽선습』 같은 책이 우선이었습니다. 그 공부 방향이랄까, 취지는 『소학』의 「소학서제(小學書題)」에 실려 있습니다.

> 옛날 소학에서는 어린아이에게 물을 뿌리며 청소하는 일, 다른 사람에게 응대하는 일, 몸가짐의 절도와 부모를 사랑하고 어른을 공경하며, 스승을 존경하고 벗과 친하게 지내는 도리를 가르쳤다. 이것은 모두 자기 몸을 닦고, 집안을 잘 이끌며, 나라를 다스리고 천하를 평안하게 하는 근본이 되는 것이다. 또한 이런 일을 어린 나이에 배우고 익히게 하는 것은, 그 배우고 익힌 것이 지혜와 함께 성장하고 교화가 마음에 젖어들어, 선악을 분별하지 못하거나 사심을 극복하지 못하게 될 우려를 없애고자 하는 것이다.

"자기 몸을 닦고, 집안을 잘 이끌며, 나라를 다스리고 천하를 평안하게 하는 일"은 곧 『대학』에서 말하는 '수신-제가-치국-평천하'지요?

그러니까 『소학』은 『대학』의 근본이 되는 배움이다, 이런 뜻입니다. 『소학』을 왜 중요하게 생각했는지에 대해 좀 더 살펴볼까요?

기본 교과서 소학

유학에는 세상의 변화가 교육을 통해 이루어진다는 믿음이 있다고 했지요? 그저 믿음이 아니라, 사실이기도 하지요. 왕이 이렇게 공부하듯이 백성도 공부하도록 하기 위해 교육기관이 등장합니다. 서원이지요. 유학 교육을 시킬 수 있는 상설 민간 교육기관입니다. 강력하게 왕도정치를 주장하고 백성도 공부하도록 하며 지역에서 사람들이 서로 돕는 향약 등을 추진한 분이 있습니다. 중종 대에 등장한 조광조입니다.

그 시대의 교과서도 『소학』으로 요약될 수 있습니다. 조광조를 비롯한 많은 사림이 이 『소학』을 읽었다고 합니다.

『소학』, '작은[小] 배움[學]'이라고 하니까 쉬운 듯하지만, 사실 간단하지는 않습니다. 책이 얇지도 않습니다. 지금 보면 불필요한 내용, 적용되기 어려운 내용도 들어 있지만, 일상 생활에서 가까운 일에 대한 훈련과 학습의 내용을 담고 있음에는 틀림없습니다. 우선 서문을 보면 주자는 세 가지가 핵심이라고 말했습니다. 청소, 응대, 진퇴입니다.

아주 평범한 내용인데, 그게 그렇게 중요하다고 생각한 이유는 뭘까요? 청소만 해도 쉬운 듯 쉽지 않거든요. 아침에 일어나서 방청소하는 사람이 몇이나 될까요? 저도 좀 게을러서 양심에 걸립니다.

저는 얼마 전 템플스테이를 갔다가 정말 오랜만에 빗자루질을 했습니다. 울력이라고 해서 아침에 새벽예불 드리고 하는 청소이지요. 대빗자루로 대웅전을 쓰는데, 아, 정말 예전에 이렇게 많이 쓸었지, 하는 감회가 떠오르더군요. 아시겠지만 요즘처럼 쓰레기가 많던 때도 아니었습니다. 그렇지만 마당을 싸리비로 정갈하게 쓸고 나면 기운이 정리되는 듯한 느낌이었습니다. 어린 마음에 그 싸리비 자국에 첫 발자국을 내기도 했던 기억이 납니다. 마치 눈 온 마당에 발자국을 내듯이 말이지요.

그뿐이 아닙니다. 응대는 인사 정도라고 이해하고 넘어가지요. 진퇴 역시도 재미있는 훈련이었습니다. 말 그대로 집을 나갈 때나 집에 들어올 때 지켜야 할 예의 정도의 의미였습니다. 학교 다녀오겠습니다, 학교 다녀왔습니다, 이런 인사를 말합니다. 『논어』의 "부모님이 계시거든, 멀리 놀러 가지 말고, 놀러 가거든 반드시 어디 간다고 말씀드린다."는 말에서 온 것입니다. 이런 공부를 중종 때 경연에서 했고, 그 맨 앞에 조광조가 있었던 것이지요.

우리가 알게 모르게 지금까지도 우리에게 스며들어 있는 조선 시대 교육의 영향이 있지요. 그리고 이런 교육은 역사적인 결과입니다. 어떤 시대에 교육의 효과와 실천이 낳은 요청이라는 것입니다. 무슨 말이냐 하면, 이전에는 쇄소, 응대, 진퇴 이런 것이 교육이 된다고 생각하지 않았습니다. 공부를 할 때는 바른 자세로 앉아라, 고개를 바로 하고, 다리를 흔들지 마라, 불필요하게 손짓 발짓을 하지 마라, 이런 얘기도 『소학』에 나옵니다.

교실에서 요구하는 바른 자세는 권위주의적인 요구, 규범적인 요구가 아니라고 생각합니다. 바른 자세여야 오래 앉아 있을 수 있습니다. 공부할 몸이 만들어지는 것이지요. 야구든 농구든, 잘하는 선수는 '폼'이 좋지 않습니까? 공부도 마찬가지이지요. 아니 사실 운동도 공부의 결과, 몸을 단련한 결과니까, 당연하겠지요. 강의실에서 하는 공부도 폼이 좋으면 잘할 수밖에 없습니다.

퇴계 이황도 그렇지만, 율곡 이이도 『격몽요결』에 보면 바른 자세를 무척 강조하거든요. 그 바른 자세의 의미를 저는 다른 데서 확인했습니다. 역시 템플스테이를 갔을 때인데, 좌선을 가르치던 스님이 말씀하시는 겁니다. 가부좌가 처음에는 어렵지만 갈수록 쉬워진다는 거지요. 가부좌를 하면 허리가 곧추 서고 온몸에 균형이 잡힙니다. 평소 걷기, 앉기에서 자세가 별로 바르지 않았던 사람일수록 가부좌가 힘이 들지요. 그러나 익숙해지면 완전히 달라집니다. 다리를 꼬고 앉으면 30분밖에 지속하지 못하지만, 가부좌를 하면 몇 시간, 며칠까지도 앉아 있을 수 있어요. 몸이 균형 상태이기 때문에 가능한 겁니다. 균형 상태, 곧 건강한 상태이지요. 몸도 바르고, 마음도 바르게 되는 자세 말입니다.

그런데 왜 하필 그 시대에 사람들은 오래 공부할 생각을 하고, 자세도 오래 공부하기 좋은 자세를 취했을까요? 조선 시대 이전에도 이미 오래 공부하던 사람들이 있었습니다. 바로 스님들입니다. 고려 시대에는 스님들이 지식인이었습니다. 유학자들도 절에 가서 스님들에게 배웠지요. 그런데 조선 시대에 들어오면서 불교가 아닌 유가로 방향을 틀었지요. 삶의 지향이 말입니다. 이제 유가적 지식인이 필요한 것이지요. 곧 스님들이 한 훈련을 사대부들이 해야 했던 것이지요. 그러니까 유가 지식인을 재생산하는 제도는 서원이고, 그런 지식인의 태도나 행동을 재생산하는 것은 『소학』 같은 교과서이다, 이렇게 되지요. 그리고 그때의 오랜 전통이 지금까지도 우리에게 이어져 오고 있는 것이니, 참 신기하기도 하고 무언가 새로운 느낌이 들지 않나요?

그런데 여기서 가장 기본은 청소랍니다. 아침에 일어나서 이불 개고, 세수하고 청소하는 게 기본이랍니다. 잠깐 다른 글 하나 소개해 볼까요?

요즘 아이들을 가르치는 사람들은 매일 오직 글귀나 읽고 시험 답안 쓰는 연습만 시키고 있다. 그들에게 행동거지를 잘하라고 요구하면서도 막상 예의를 가르치지도 않는다. 그들에게 총명하기를 바라면서도 바른 길을 가르쳐 줄 줄을 모른다. 몸을 묶어 놓고 매를 때리며 죄수 대하듯 하니, 그들은 학교 보기를 감옥처럼 하고 가기를 싫어한다. 선생 알기를 원수처럼 보고 만나려고 하지 않는다. 기회를 보아 자기들이 좋아하는 놀이만 하려고 한다. 속이고 거짓말을 하고, 어리석고 용렬한 짓을 멋대로 한다.

얼핏 요즘 신문에서 볼 수 있는 공교육 비판 기사 중 하나같아 보이지 않으세요? 그렇게 보이시지요? 하지만 이 말을 한 분은 지금으로부터 700년 전 명나라 때의 왕수인이란 분입니다. 양명이라고 하면 아시겠지요? 그의 학문을 통상 양명학(陽明學)이라고 부릅니다. 이 글은 그의 어록을 엮은 『전습록』에 실린, 「초등교육의 핵심 의미를 선생 유백송 등에게 보이다[訓蒙大意示教讀劉伯頌等]」라는 글의 끝 대목입니다.

그러고 보니 참교육이 무엇인가 하는 문제는 시대를 초월한 보편적인 질문이었던 것 같습니다. 다시 세자 교육으로 돌아와서 세자 교육을 담당하는 관청을 먼저 알아보겠습니다.

세자의 학습

서연을 담당하는 관서를 세자시강원(世子侍講院)이라고 합니다. '세자를 모시고[侍] 공부하는[講] 일을 맡은 관청[院]'이란 뜻입니다. 이 관청의 목적은 '세자를 모시고 경서와 사서를 공부하면서, 인간이 살아야 할 올바른 길을 깨우치는' 데 있었습니다.

담당 관원도 따로 두었습니다. 경연보다는 인원이 적습니다. 서연은 종2품 이상이 겸직이고 실제 시강원에서 월급을 받는 녹관은 종3품 보덕이므로 종3품 아문으로 분류되고 보덕(輔德)이나 필선(弼善) 등 5명만 녹관이었습니다. 실제로는 필선이나 보덕 등도 겸직을 하는 경우가 많았고 꼭 관원의 정수를 채우는 것도 아니었습니다.

아무래도 세자는 어리니까, 스승에 대한 예의도 갖추었겠지요? 실은 경연에서 국왕도 경연관에게 스승이나 동학(同學)의 예의를 갖추었습니다. 세자는 더했지요. 시강원에 입학할 때도 성균관에서 스승들에게 인사를 하면서 입학식을 가졌습니다. 시강원의 사(師 스승 사)는 영의정이 맡고, 부(傅 가르칠 부)는 좌·우의정이 나누어 맡습니다. 흔히 우리가 '사부님' 할 때의 사부가 바로 여기서 보는 '사'와 '부'를 합한 말이지요. 둘 다 선생이라는 뜻이지만 제도로 보면 사가 위, 부가 아래입니다.

세자는 입학식도 했습니다. 특별한 의식이 있었지요. 입학식에 해당하는 입학례는 왕세자가 성균관에 가서 공자를 모신 대성전(大成殿)에 참배하고, 명륜당에서 성균관 박사에게 제자로서의 예를 올리는 것입니다. 물론 성균관에 다니는 것은 아닙니다. 그러나 이 예식을 통해 왕세자라도 유학을 학습하는 학생임을 모두에게 알리는 것이었지요.

그런데 언제부터 이런 입학례를 했을까요? 『논어』에 보면, 공자가 이런 말을 합니다. "나는 말린 고기 20마리 정도의 예물을 들고 찾아오는 사람이라면 가르치지 않은 적이 없다." 최소한의 예물을 들고 배우러 오면 다 가르쳤다는 말이지요. 예전에 수업료로 계란, 수박 등을 서당 훈장님께 드리던 일을 생각하면 이해가 쉽습니다.

조선 시대 첫 입학례는 양녕대군이 했습니다. 당초 양녕대군이 여

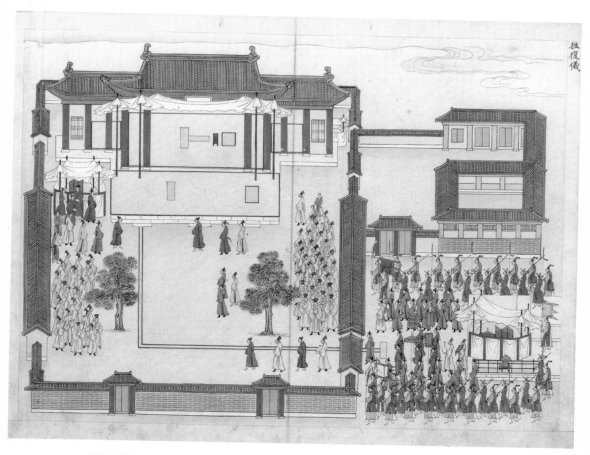

왕복의(정축입학도첩 의궤 중에서) 『정축입학도첩』은 1817년(순조 17)에 제작된 의궤로, 효명세자의
성균관 입학례 절차를 그린 의궤이다. 위의 그림은 왕세자가 스승에게 가르침을 청하는 「왕복의」로,
빨간 옷을 입은 이가 남공철(홍문관 책임자)이고 세자는 담 밖에서 스승에게 가르침을 청하고 있다.
경남대학교 박물관 소장.

배움으로도 어쩔 수 없는 것
: 영조와 사도세자의 비극

조선 후기의 가장 큰 비극을 꼽으라면 사도세자가 뒤주에서 죽은 사건일 것입니다. 세자가 대리청정을 한 뒤 영조는, "너는 안락한 데서 태어나서 자랐다.", "천리(天理)는 멀리 있지 않고 내 마음에 있다.", "너는 용렬하니 어렸을 때 힘쓰지 않으면 후회할 것이다." 등등 국왕의 덕목과 훈련에 대해 타일렀습니다.[•]

그러나 사도세자는 영조와 달랐습니다. 세자 교육을 담당하는 서연에서는 눈병을 호소했고, 영조는 이를 꾀병으로 생각했습니다. 밥만 많이 먹고, 책읽기는 싫어하는 것, 이것이 문제였습니다. 영조는 답답했습니다. 답답함은 세자에 대한 무시와 조롱으로 이어졌습니다. 일 년에 책을 읽고 싶을 때가 고작 한두 번이라고 '당당하게' 대답하는 세자에게 영조는 어떤 느낌이 들었을까요? 실제로 세자가 죽기 십 년 전부터 영조는 세자를 거의 포기했습니다.

열 살 무렵부터 시작된 정신불안과 의대증(衣帶症 아무 옷이나 입지 못하는 병)은 세자의 가학증으로 이어집니다. 『한중록』에서는 세자가 내관 김한채의 머리를 베어 집안에 들고 들어와 혜경궁 홍씨와 나인들에게 보여 주었다고 하였는데, 그전에도 세자는 영조의 꾸지람을 들으면 내관과 나인을 때리거나 사람을 죽였습니다. 이런 사실은 폐세자 당시(영조 38. 1762) 『실록』에서 '정축년(1757) 이후부터 증상이 심해졌다.'고 말한 기록과 일치합니다. 『현고기(玄皐記)』라는 기록에서는 이때가 처음이 아니라, 세자가 장성하기 이전에

● 『영조실록』 25년 2월 17일

이미 살인을 저질렀다고 하고요.

　혜경궁은 경진년(1760) 이후로 세자가 얼마나 많은 사람을 죽였는지 기억할 수조차 없다고 했습니다. 영조가 내린 「세자를 폐위시키는 반교[廢世子頒敎]」에 따르면, 사도세자를 낳은 어머니인 선희궁(영빈 이씨)이 영조에게 세자의 비행을 말하면서, 내관과 나인 백여 명을 죽였고 불에 지지는 악형을 가했다고 했습니다.

　이듬해 1761년 1월 세자는 자신이 사랑하던 빙애(경빈 박씨)를 죽였습니다. 옷을 갈아입다가 의대증이 발병하여 때렸는데, 얻어맞은 빙애는 세자가 나간 뒤 신음하다가 절명했지요. 빙애를 구타할 때 세자는 빙애와의 사이에서 낳은 돌이 갓 지난 왕자 은전군도 칼로 쳤고, 칼 맞은 은전군을 문밖 연못에 던졌습니다. 이를 알고 영조의 계비 정순왕후가 은전군을 구하여 이름을 하엽생(荷葉生), 곧 '연잎이'라고 불렀습니다. 영조는 그의 자(字)를 연재(憐哉), '가련하도다!'로 지어 주었다고 합니다.

　서연이 있고 경연이 있어도 그것만으로는 어쩔 수 없는 사건이 있습니다. 옳고 그름의 문제가 아닌 비극적 상황이 인간에게는 있습니다. 원치 않게 세자가 되었던 한 인간의 좌절과 파탄, 그리고 그 좌절과 파탄을 처리하는 방법에 대해 왕정은 제한적인 선택만이 가능했기 때문에 뒤주 사건이 생겼습니다. 이것은 영조와 사도세자의 비극, 왕정의 비극이기도 합니다. ●

●　사도세자의 비극에 대해서는 정병설, 『권력과 인간』, 문학동네, 2012를 참고.

덟 살 때 태종은 스님에게 보내 가르치려고 합니다. 그러나 신하들이 그건 고려 말의 잘못된 풍습이라고 반대하여 성균관으로 보냅니다.

강의로는 기본적으로 정규 강의인 법강(法講)과 공개강의인 회강(會講)이 있었습니다. 법강은 아침, 점심, 저녁 매일 세 차례 시행되었고, 빼놓지 말고 해야 하는 강의입니다. 책을 덮고 전날 배운 것을 외우는 것은 수업 시작 전에 당연히 하는 일이었으며, 5일마다 정식 시험인 고강(考講)이 있었습니다. 고강은 경서의 뜻풀이, 그러니까 해석을 하는 시간이었습니다.

세자는 시강원에서 시험도 보았습니다. 물론 성적도 매겼을 테지요. 시험을 보면 점수가 있겠지요? 네 단계, 혹은 다섯 단계의 채점 방식이 있었습니다. 통했다는 뜻의 통(通), 그럭저럭 했다는 략(略), 조잡하게 했다는 조(粗), 못했다는 뜻의 불(不)이 있습니다. 통 앞에 순수하다, 완벽하다는 의미의 순(純)을 두는 경우도 있습니다. 클 대를 써서 대통(大通)이라고 합니다.

똑똑함을 자부한
왕들의 경연

세조는 집현전을 폐지하고 경전과
역사의 학습, 그리고 정책 논의를 위해 강경 문신을 뽑아 경연을 열었
습니다. 그런데 이 자리는 세조의 강의 시간에 가까웠습니다. 문신은
물론, 무관, 유생, 종친, 세자까지 직접 가르쳤던 세조였습니다. 친강
(親講)을 한 것이죠. 무척 체력이 좋았거나, 좋았어도 힘에 부치지 않
았을까 생각합니다.

그런데 경연의 취지로 볼 때도 그렇고, 국정 운영을 놓고 볼 때도
이렇게 마냥 갈 수는 없는 노릇이었지요. 뭔가 같이 공부하는 흉내가
필요했든지, 아니면 세조 자신이 신하들의 생각을 통제하려는 의도가
아니었을까 생각합니다. 국정 운영도 소통이 중요한데, 이런 방식은
소통이 아니라 주입이었던 셈입니다.

이미 집현전도 없애지 않았습니까? 친강이 경연의 대안도 아니라면 그럼 어떻게 해야 하지요? 대안이 없으면 회복해야지요. 결국 국왕이 배우는 게 아니라 가르치려고 했던 친강은 세조 당대에 그치고 맙니다.

경연의 부활

세조에 이어 즉위했던 예종은 재위 1년 만에 승하하지요. 몸이 좋지 않았던 듯한데, 그런 상태에서는 나랏일에 뭔가 비전을 갖고 계획대로 해 나가기가 어려웠을 겁니다. 하지만 예종은 즉위 초에 경연을 재개하겠다는 뜻을 밝힌 적이 있지요. 그래서인지, 사헌부에서는 다음과 같은 상소를 올렸습니다. 같이 보실까요?

주상 전하께서는 즉위하신 처음에 맨 먼저 학자를 뽑아서 경연의 벼슬을 띠게 하여 고문에 대비하게 했습니다. 이어서 명하기를, '이제부터는 장차 경연에 나아가서 정사를 보겠다.'라고 하였습니다. 전하께서는 성인의 학문을 배우며 스승의 도움을 번거롭게 여기지 않고 이런 명이 있었습니다. 임금이 하루에 어진 사대부를 접할 때가 많고 환관이나 가까이 시중드는 사람들과 어울릴 때가 적어야 기질을 함양하고 덕성을 기를 수 있습니다. 그러므로 전하의 이런 조치는 정말이지 온 나라의 복입니다. 그런데 정사를 보신 지 여러 날이 되었으나 강연은 베풀지 않고 있으니, 신들이 이상하게 생각하고 있습니다. …… 바라건대, 당나라 홍문관과 송나라 이영각의 옛 고사와 같이 정무를 보신 뒤에는 곧 경연관을 불러서 고전을 강론하고 고금의 역사를 배우십시오.●

사헌부에서 이렇게 건의하자, 예종도 경연을 회복하겠다는 뜻을 밝혔습니다. 세조도 자신이 없앤 집현전을 자기 손으로 복구할 수는 없었지만, 경연이 없는 국정 운영의 한계를 자각하고 있었을 것입니다. 그러니까 자연스럽게 예종이 즉위하면서 경연을 열겠다고 했겠지요.

하지만 이런 경연을 위한 제도적 장치는 예종 때 마련되지 못했습니다. 예종은 몸이 좋지 않아 일찍 세상을 떴고, 이어서 즉위한 성종도 어린 나이였어요. 겨우 열세 살이었지요. 그래서 7년간 세조 비인 정희왕후가 왕대비로서 수렴청정을 했습니다. 드라마 같은 데에 보면 나오는 임금 뒤에 발을 드리우고 자문을 받는 방식이지요.

문득 어려서 즉위한 단종이 생각나는군요. 단종은 성종보다 한 살 어린 열두 살에 즉위했습니다. 그런데 단종은 숙부 수양대군에게 왕위를 찬탈당했고, 성종은 찬탈한 세조 비인 정희왕후의 도움을 받았어요. 역사는 이렇듯 공평하지만은 않습니다.

● 『예종실록』 1년 3월 2일

정조, 공부를 좋아한 학자 군주

경연은 국가적인 혼란기에도 계속 그 역사적 역할을 다했습니다. 어리석은 임금, 즉 혼군으로 일컬어진 광해군 때도 제 역할을 했고, 인조 때 두 차례의 호란(정묘호란·병자호란)을 겪으면서, 효종, 현종, 숙종 때도 정치적 변동과 크게 상관없이 문치를 이어가는 핵심 제도로 기능하였습니다. 아무래도 하이라이트는 정조 때로 보아야 하지 않을까 생각합니다.

정조는 정말 공부를 좋아했던 군주였습니다. 너무 좋아해서 탈이라고 할까요? 우리나라 사람들은 그런 전통이 있지요. 공부 잘하는 걸 좋아하는 전통 말입니다. 그게 공부를 하면 사람이 된다, 덕성이 있다는 믿음에서 비롯된 것이지요. 근대 학문에서는 사실 안다는 것과 덕성은 상관이 없습니다. 안다는 데는 살아가는 데 필요한 운전 기술 같은 것이 있지요. 버스노선을 아는 것, 다니는 길을 아는 것도 마찬가지입니다. 또 재미로 아는 것도 있습니다. 그러나 아는 것이 나의 인격을 높인다는 생각은 다른 문제지요.

정조는 스스로 군사(君師)를 자처했던 인물입니다. 이미 세손 시절부터 '일성록(日省錄)'이라는 일기를 써서 자신의 지적 성장에 대한 기록을 남겼습니다. 결국 『일성록』은 『실록』이나 『승정원일기』를 제치고 정조 이후 제일가는 역사서의 지위를 차지하게 되지요. 그 『일성록』을 편찬하던 곳이 정조의 싱크탱크였던 규장각입니다.

규장각의 역할은 홍문관과 같았습니다. 홍문관이 있는데 규장각을

존현각일기 『일성록』 중 정조가
세손 시절에 쓴 일기이다. 날짜
와 공부의 내용이 적혀 있는데,
『소학』을 공부했다는 내용이 특
히 많다.

왜 만들었느냐, 이런 질문이 가능합니다. 『실록』과 『승정원일기』가 있
는데 굳이 『일성록』을 왜 따로 편찬했느냐, 이런 질문과 궤를 같이합
니다.

지금 정조의 문집으로 『홍재전서』가 남아 있습니다. 아주 잘 만들어
진 알찬 문집인 데다 분량도 적지 않습니다. 그중 『경사강의』가 64권
입니다. 자신의 연구 노트인 『일득록』 18권을 포함하면 문집의 거의
반이 경연과 관련되어 있지요.

경사강의라면, 경과 사를 공부한 강의라는 뜻입니다. 그런데 일득
록은 날마다 공부하면서 깨달은 것을 적은 기록이라는 의미입니다.
날 일, 얻을 득, 기록하다 할 때의 록이지요. 얻는다는 것은 이해한다,
깨닫다는 뜻입니다. 『논어』「학이」편이 익숙하니 그 대목을 한번 살
펴보겠습니다.

학이(學而)의 학(學) 자는 실로 이 편의 뿌리인데, 학 자의 뜻을 상세히 말할 수 있겠는가? 주자는 『집주』에서 학 자를 본받을 효(效) 자로 풀이하고 박학(博學), 심문(審問), 신사(愼思), 명변(明辨), 독행(篤行)을 겸한다고 하였고, 또 『대학혹문』에서는 지(知)와 능(能)을 아울러 말하였다. 그렇다면 학이라는 한 글자는 지(知)와 행(行)이 모두 그 안에 있는 것이다. 그러나 '열다섯 살이 되면 배움에 뜻을 둔다.'고 할 때의 십오지학(十五志學)의 '학' 자도 또한 이 '학' 자인데, 삼십이립(三十而立)과 서로 대응하여 지와 행이 되는 것처럼 하였다. 어째서인가? 혹시 이 「학이」 편의 학 자와 십오지학의 학 자가 서로 다른 것인가?

질문이 아니라, 무슨 논술고사나 주관식 문제 같은 느낌입니다. 분명 질문은 질문인데, 거의 답변자를, 그러니까 경연관이나 규장각 관원을 테스트하는 수준이지요. 십오지학은 열다섯 살이 되면 배움에 뜻을 둔다, 이런 말입니다. 십유오이지우학(十有五而志于學)을 줄인 말입니다. 삼십이립(三十而立)은 서른 살이 되면 자기 몫을 한다는 뜻이지요.

　주자는 학이시습지(學而時習之)의 학을 본받는다는 의미의 효(效) 자

로 풀었습니다. 그림을 배울 때 좋은
그림을 흉내 내고, 운동을 배울 때
좋은 폼을 배우듯이, 이렇게 흉내
내면서 배운다는 의미였지요.

정조는 그 배움과, 「학이」 편에
나오는 '열다섯 살이 되면 배움에 뜻을
둔다, 삼십이 되면 선다'는 대목의 배움이 같은가, 다른가를 묻고 있
는 것입니다. 단순히 듣고 있는 것이 아니라, 훨씬 고도의 방법으로
가르치고 있다는 생각이 듭니다. 정조는 성균관 유생들에게도 이런
식으로 강의를 했습니다. 질문은 하는데, 테스트용 질문이지요. 하나
더 볼까요?

당 태종이 고구려에서 철수한 후 정벌을 성공하지 못한 것으로 인
하여 깊이 후회하여 탄식하기를, "위징이 만약 살아 있었더라면
나로 하여금 이러한 정벌이 있게 하지는 않았을 것이다."라고 하
였다. 그러나 태종이 동쪽으로 정벌을 떠날 때에 이를 말리려고
간언한 신하들이 또한 많았다. …… 간언을 따르는 것은 본인의
의지에 달린 것이지 누가 간언하느냐에 달린 것이 아니다. 위징이
간언하였다 하더라도 태종이 들어주지 않는다면 어찌하겠는가.*

● 『홍재전서』권116 『경사강의』53

정조는 난이도 높은 주관식 논술을 요구하고 있습니다. 이런 식으로 계속 생원, 진사 들에게 묻습니다. 그러니까 성균관 유생도 정조의 질문을 통해 시험을 치르는 셈입니다. 왕이 곧 스승인 셈이지요. 이를 긍정적으로만 보기 어렵습니다. 왜 그런지는 다른 장에서 살펴봅시다.

3장

어지러운 시대에는

아파서 미루고, 추워서 미루고

아무리 잘하려고 노력해도 여건이 안 되어 생각했던 성과를 내지 못하는 경우도 있지만, 거꾸로 제도가 훌륭해도 그걸 운영하는 사람들이 제대로 운영하지 않으면 무용지물이 됩니다. 그래서 안목 있는 사람은 두 측면을 모두 관찰합니다.

이 장에서는 경연이라는 제도가 어떻게 망가질 수 있는지 살펴봅니다. 그 대표적인 사례로 세 시대를 꼽았습니다. 세조, 연산군, 광해군의 시대입니다. 세조는 찬탈을 통해 공신을 양산하는 한편, 집현전을 폐지하고 독단의 정치를 폈습니다. 연산군은 초유의 경연 대리 출석, 억지 결석계를 반복하다가 두 차례에 걸친 참혹한 사화를 일으켰습니다. 광해군은 전란 이후 궁궐 공사와 미신에 정신이 팔려 나라 재정과 민생을 파탄내면서, 경연보다는 추국청에서 날을 새웠습니다.

어떤 하나의 원인이 이런 결과를 낳았다고 생각하지 않습니다. 하지만 경연의 파행은 이런 사태가 초래된 중요한 이유 중의 하나입니다. 그리고 대개 중요한 원인이나 요소에서 삐걱거리면 다른 데서도 삐걱거리는 경우가 많습니다. 인생이든 나라든 말입니다.

찬탈이 낳은 비극

먼저 세조 때로 들어가 봅시다. 단종 원년(1453)에 수양대군이던 세조가 김종서, 황보인 등 세종 때의 고명대신을 죽이고 왕위 찬탈의 수순을 밟는 과정이 있었는데, 그걸 계유정난이라고 합니다. 후대에는 이 계유정난을 계유사화라고 부릅니다. 이유는 아시겠지요? 나라를 안정시킨 것이 아니라, 훌륭한 인물들을 죽인 폭거라는 평가이지요.

그렇게 사화를 통해 왕위를 빼앗아 가던 세조는 드디어 단종 3년(1455) 단종에게서 왕위를 넘겨받습니다. 단종은 억지로 상왕이 됩니다. 그런데 세조 2년에 곧 집현전 학사를 중심으로 상왕 복위운동이 일어납니다. 집현전은 바로 경연을 담당했던 관청이었습니다.

이때가 되면 세조의 찬탈에 동조했던 신숙주, 정인지, 권람 등과,

찬탈을 비판했던 성삼문, 박팽년, 하위지 등으로 조선 정치계는 나뉘게 됩니다. 정인지, 신숙주는 이미 고관대작이 되어 있었고, 박팽년은 단종이 양위할 때 자결하려던 것을 성삼문이 말렸다고 합니다. 이렇게 같은 데서 공부하고 벼슬을 했어도 인품, 덕성, 자질이 다르고, 세상 사는 태도도 다릅니다.

그래도 처음에는

세조가 즉위한 뒤에는 경연에서 공부도 하고 정책도 논의하지 않았을까요? 건국한 지 60년이 넘었고, 그동안 선왕들이 만들어 놓은 제도인데요. 특히 집현전은 부왕인 세종의 각별한 대우와 배려 속에 뿌리 내린 제도이지 않습니까? 세조는 즉위하자마자 도승지인 신숙주에게 경연에 매일 나가겠다고 다짐하고 준비하도록 시켰습니다.

도승지 신숙주에게 전교하기를,

"경연이란 임금과 집현전 관원이 바른 길과 정치를 강론하는 자리이니, 잠시라도 폐지할 수 없다. 내가 날마다 경연에 나가려고 하는데, 다만 승지와 집현전의 사관으로 하여금 각기 1명만 들어와 참여하게 하는 것이 어떻겠는가? 또 『송원절요』·『통감강목』·『대학연의』는 모두 나라를 다스리는 법도에 긴절한 것인데, 무엇을 먼저 공부해야 할 것인가? 본디 군주가 대신을 접견할 기회는 많으나 관직이 낮은 관원의 경우는 만나 보기가 어려우니 내가 윤대(輪對 돌아가며 만나 봄)하는 제도를 다시 행하려고 한다. 다만 개중에는 간혹 참소하는 사람이 있는데 이를 좇는다면 임금으로서 아름다운 일이 아니다. 나는 결단코 참소는 들어주지 않을 것이다. 그러나 후세의 임금 중 혹시 믿는 자가 있을까 두려우니, 네 사람씩 함께 나오게 하는 게 어떻겠는가? 윤대와 경연을 하루에 아울러 거행하기는 어려우므로 나는 하루 걸러서 하려고 한다."

하였다.●

경연을 정상화하고, 신하들과 정무를 보려는 의지가 엿보이지요? 여기서 돌아가며 만나 본다는 윤대도 국왕이 국정을 챙기는 제도 중 하나입니다. 임금과 신하가 만나는 공식 자리는 몇 가지가 있습니다. 근정전에서 했던 큰 조회도 있고 또 작은 조회도 있습니다. 상참(常參)이라고, 윤대처럼 신하를 접견하는 것인데 주요 관서에 한정하는 경우도 있지요. 대개 경연과 이어서 하는 경우가 많습니다. 그래야 서로 시간 맞추기가 편하니까요.

주목해야 할 점은, 문종 때와는 달리, 경연에 참가하는 신하가 줄어든 사실입니다. 승지 1명, 집현전에서 2명, 사간원에서 1명, 사관 1명

● 『세조실록』 1년 윤6월 13일

이 참석하던 경연 규례를 바꾸어 집현전 관원 2명만 경연에 나오게 했습니다. 물론 승지, 사간원 관원, 사관은 경연에서 강의를 하지 않는 배석자지요. 경연에서는 국가 정책에 대한 토론 등 중요한 논의가 오고가니까, 국무회의나 마찬가지였습니다. 그래서 비서인 승지가 들어가고, 그걸 기록하는 사관이 들어갑니다. 사간원은 국정에 대한 비판의 의무가 있는 언관이기 때문에 참석하는 것이고요.

공부하지 말라

그러므로 승지, 사간원 관원, 사관을 참석하지 못하게 한다면, 이미 경연이라는 제도를 약화시키는 결과가 됩니다. 의도야 어떻든 말이지요. 이런 경연 운영 방향과 관련하여, 다시 한 번 단종 때의 상황을 살펴볼 필요가 있습니다.

단종 때 일시적으로 경연이 한 달에 한 번 열리는 회강으로 대체된 적이 있습니다. 또 정치에 관심을 잃은 단종이 경연을 중지하고 활쏘기 구경이나 즐기는 상황이 계속되었다는 보고도 있습니다. 그럼에도 불구하고 어느 무렵 곧 1일 삼강은 원래대로 복구된 듯합니다. 그런데 하루 세 번 경연에 나가는 단종에게 수양대군은 몸이 피곤할까 걱정된다는 이유로 낮에 하는 주강(晝講)의 폐지를 제안한 적이 있습니다.

공부하지 말라고 말리는 것이군요. 요즘 부모는 공부를 안 해서 걱

정인데, 수양대군은 말렸군요. 이때 사간원에서 '어린 나이에 경연을 폐하면 안 된다'고 간언을 합니다. 그랬더니 수양대군은 경연관도 아니면서 가타부타 한다고 사간원 관원을 국문하라고 명합니다. 참으로 이상한 일입니다. 임금이 경연에 참석하는 것은 당연한 일이고, 참석하지 않으면 간관인 사간원에서 비판하는 것도 당연한 일입니다. 당연한 일을 했다고 국문을 당하는 일이 벌어진 것이지요.

이렇게 당연한 일을 하는데 핍박이 있을 때는 다른 배경이 있지 않나 의심하는 것이 정상입니다. 수양대군이 단종을 경연에 참석하지 못하게 한 데는 결국 다른 이유가 있지 않을까요? 이건 수양대군이 대간을 견제하는 방식이기도 했지만, 무엇보다도 단종이 경연을 통하여 집현전 학자들과의 유대를 강화하고, 나아가 군주로서의 자질을 키우는 것을 저지하고자 했다는 해석이 진실에 가깝지 않을까 생각합니다.

내가 가르치겠다

다시 세조 때로 넘어와서 사간원, 승지, 사관을 경연에 들어오지 못하게 했던 조치는, 사간원 참석만 허락하게 바뀝니다. 단, 감찰 기능을 가진 사헌부는 허락하지 않습니다. 그러다가 상왕인 단종 복위운동을 계기로, 세조 2년 6월, 경연을 담당하던 관청인 집현전이 폐지됩니다. 세조의 말을 그대로 옮기면, "집현전을 폐지하고 경연을 정지하며, 거기에 소장하였던 서책은 모두 예문관에서 관장하게 하라."는 것이었지요.

생각보다 간단하지요? 반세기 이상 이어져온 경연이 졸지에 중단되다니 말입니다. 당연히 몇몇 신하가 간청합니다. 경연은 열어야 한다는 것이지요.

영의정부사 정인지가 상언하기를,
"신은 전하께서 의견을 구하시는 하교를 보고 감히 얕은 소견을 올립니다. 신이 생각하건대, 진나라에서 『시경』과 『서경』을 불태워 버린 이후로 5대에 이르기까지 성인의 도(道)가 밝혀지지 못하여 학문을 하고 정치를 하는 사람들이 모두 구차하였을 뿐이었습니다. 송나라 때에 이르러 여러 유학자가 배출되어 경서의 뜻을 밝히게 되었으므로, 성인의 도가 하늘에 해가 뜬 것과 같이 밝아져 지금까지 이삼백 년이 되었습니다. 세상의 임금이 되거나 신하가 된 자들은 지식이 없는 것을 걱정할 것이 아니라, 실천하는 힘이 지극하지 못한 것을 근심해야 할 것입니다.
우리 왕조가 일어나고, 태종과 세종께서 경전과 역사서를 숭상하여 학문과 법령이 모두 성인과 현인을 스승으로 삼았습니다. 그렇기 때문에 왕실의 법이 매우 훌륭하여 전하께서도 또한 읽지 않으신 글이 없으시고 고금을 꿰뚫었으므로, 오늘이 있게 된 것입니다. 계유정난 이후로 너그러운 정사와 밝은 치적이 목전에

뚜렷하게 나타났으니, 그것이 어찌 우연한 일이겠습니까? 그러나 마음 하나를 유지하거나 버리는 기미는 매우 두려운 일이니, 전하께서는 날마다 경서와 역사서를 열람하고 일마다 몸소 절실하게 하시고 호령을 내고 명령을 실시할 때에도 반드시 그것을 경서와 역사서를 참고하여 생각해 보고 독실하게 행하십시오.”
하였다. •

정인지도 집현전 학사 출신입니다. 정인지의 말에 대하여 세조는 자신이 늘 경서와 사서를 보고 있고, 백성의 일을 생각하고 있다고 했지만, 딱 어떻게 하겠다는 답변은 하지 않습니다. 실제로 경연은 다시 재개되지 않았고요. 그러던 세조가 이해 9월 들어 문신들과 경연을 열어 강의를 하겠다고 나섰습니다.

세조는 예조에 명하여 강경 문신을 뽑도록 했습니다. 그래서 실제로 성균관 관원 등을 대상으로 문난관(問難官), 강설관(講說官)을 선임합니다. 겸직이지요. 강설관은 말 그대로 강의를 하는 관원 같습니다. 그러나 문난관은 무슨 관직인지 전무후무한 관직입니다. 말대로 보면, 어려운 것을 묻는 관원이 되거든요.

원래 경연에서는 임금이 신하들에게 묻는 것이지요. 적어도 그런 겸손한 자세를 갖는 것이지요. 더 이상한 것은 이때 『실록』의 기록에

● 『세조실록』 2년 7월 3일

는, "사정전에 나아가 친히 문신(文臣)에게 강(講)하였다."고 나와 있다는 것입니다. 사정전은 경복궁 근정전 뒤의 집무실입니다. 편전이라고 하지요. 거기서 세조는 강의를 들은 게 아니라 강의를 한 것이다, 이런 말입니다. 결국 문난관은 정말 자신에게 묻는 관원이란 뜻이되겠지요?

임금이면서 스승일 수는 없는 법

시대를 내려오면 이렇게 임금이 신하들을 가르치려고 하는 태도가나타나기도 합니다. 오래 왕위에 있었던 숙종, 영조가 그랬고, 스스로임금이자 스승이려고 했던 정조가 그랬습니다. 경연은 하는데, 그 경연에 참석하는 국왕의 의식이나 태도가 그런 양상을 보인다는 것입니다. 숙종이나 영조는 이해가 가기도 합니다. 각각 45년, 50년을 왕위에 있었으니까요. 왕위에 이삼십 년 있다 보면, 자기가 왕이 되었을때 배웠던 사람들은 이미 세상을 뜨게 마련이고, 경연관으로 들어오는 면면은 자신과 같은 수준이거나 어린 사람이 됩니다. 그러면 가르치려고 들지요.

　정조는 젊어서 즉위했고 24년 재위했으니까, 숙종, 영조와 달랐습니다. 차이가 있다면 정조는 명석했다는 것입니다. 거기다 부지런하기까지 했지요. 비상한 머리를 가지고 있었지요. 사실 조선 시대 군사론(君師論), 그러니까 임금이자 스승이다, 라는 논리는 정조의 논리입니다.

임금이자 스승이다, 이는 권력과 이념을 함께 제시할 수 있다고 생각하는 것이죠. 위험한 논리입니다. 사회 각층에서 충돌하는 이해의 조정 권한과 진리에 대한 권한, 둘 다를 갖는다는 것인데요, 플라톤이 주장한 철인왕(哲人王)이지요. 흥미로운 사실은 역사상 한 번도 철인왕이 등장한 적은 없다는 것입니다. 철학자이든 왕이든 하나만 하기에도 벅차거든요.

조선의 국왕은 끊임없이 성인이 되는 학문, 곧 성학(聖學)을 공부해야 했지만, 그것은 목표이자 지향이었지 실현된 것이 아니었습니다. 정조의 군사론은 성인 – 군주가 목표가 아니라, 그것이 '바로 나다'라는 선언이거든요. 예외적이지요. 목표이자 지향일 때는 가르치는 사람이 있기 때문에 통제가 가능하지만, 이미 실현되었을 때는 통제가 되지 않습니다. 세조는 무력으로 권력을 잡은 뒤 자기가 가르치겠다고 했습니다. 이것은 경연의 본래 의미와는 매우 동떨어진 것이었지요.

네가 대신 출석해라

폐지된 경연 기관이 홍문관이라는
이름으로 다시 생기고, 하루 세 번 하던 삼강에 더하여 야대, 소대라
는 수시 세미나가 제도화되었던 성종 시대는 이미 살펴보았습니다.
경연이 잘 되던 시대와 그렇지 못한 시대를 대비해서 보기로 했는데,
연산군 대는 제대로 되지 않았던 대표적인 시대입니다. 먼저 사료를
볼까요? 연산군 원년(1495) 4월의 기록입니다.

홍문관에서 경연에 참석하도록 요청했다. 노사신도,
"졸곡(卒哭)이 이미 지났으니, 빨리 『통감강목』을 강하셔야 하고,
또 전하께서 전일에 강의를 다 끝내지 못한 『대학연의』는 정심
(正心) · 수신(修身) · 제가(齊家) · 치국(治國) · 평천하(平天下)의 도

가 갖추어 실리지 않은 것이 없으니, 이 두 서적을 강하소서."

하니, 전교하기를,

"옳은 말이다. 다만 중국 사신이 오기 전에 침뜸을 하고 싶다."

하였다. *

홍문관에서 청했군요. 『통감강목』은 『자치통감강목』으로 송나라 주자가 편찬한 역사서라는 것은 세종 때 집현전을 얘기를 하면서 다룬 적이 있습니다. 그런데 『대학』이 아니라, 『대학연의』라는 책을 강의하자고 하는군요.

『대학연의』의 '연의'는 '풀이한다'는 뜻입니다. 『대학』은 3강령 8조목으로 잘 알려져 있습니다. 짧은 책이지요. 수신―제가―치국―평천하라는 말은 우리가 많이 들어 보았잖아요? 그 『대학』을 여러 사실을 들어 알기 쉽게 풀이한 책입니다. 주자의 제자인 진덕수란 분이 편찬했지요. 당초 진덕수는 『대학연의』를 경연 교재로 편찬했습니다. 그래서인지 중국이나 조선에서 이 책을 경연 교재로 자주 활용했습니다. *

● 『연산군일기』 1년 4월 19일
● 진덕수 저, 오항녕 외 역, 『국역 대학연의』, 서울대출판부, 2015

왕의 즉위식이 흉례?

노사신이 경연을 청할 때, '졸곡'이 끝났으니 강의를 시작하자고 건의하는데요, '졸곡'이 무엇일까요? 나라에는 가례(嘉禮)·길례(吉禮)·흉례(凶禮)·군례(軍禮)·빈례(賓禮) 등 다섯 가지 의례가 있습니다. 즉위식은 어느 예에 속할 것 같으세요? 앞선 왕이 세상을 뜨면 뒤를 잇는 왕이 즉위를 하기는 할 텐데, 막상 생각하니 딱 언제인지는 모르겠지요? 길례는 제사를 말합니다. 종묘 제사뿐 아니라, 산천에 제사를 지내기도 하지요. 먼저 즉위는 이전 왕이 세상을 뜬 뒤 바로 합니다. 국정 공백도 걱정했겠지만, 상을 치를 상주는 세자가 아닌 대를 잇는 임금이어야 했기 때문입니다. 세자는 왕의 아들이고 왕위를 이을 사람이지만 아직 왕은 아니지요. 그래서 승하한 뒤 빈소를 차리고 나면 대왕대비의 명을 받아 바로 즉위식을 거행합니다.

그러므로 즉위식 때는 샴페인 터뜨리고, 이렇게 흥겹게 축하하는 자리가 되기 어렵겠지요? 아무래도 상중이니까요. 대개 드라마에서 보면 엄숙하게 진행이 됩니다. 당연히 엄숙하겠지요. 그래서 즉위식은 상례, 국가 의례로 말하면 흉례에 포함되어 있습니다.

졸곡 역시 흉례 중 하나로 삼년상의 절차입니다. 삼년상은 사실 25개월(27개월이라는 설도 있습니다)로, 만 2년입니다. 그런데 국왕이 삼년상을 치른다면서 만 2년 동안 국정을 돌보지 않으면, 나라 정책을 시행할 수가 없습니다. 그래서 졸곡을 기점으로 상복을 평복으로 갈아입고 국정을 보기 시작하지요. 정확한 날짜가 계산되어 있는 것은 아니고, 상황을 보고 길일을 점쳐서 날을 잡는데, 두어 달 정도로 생각하면 될 듯합니다. 연산군은 12월에 즉위했는데, 이듬해 4월에 졸곡을 치렀으니 넉 달 정도 걸린 셈이지요.

초유의 대리 출석

앞서 4월에 홍문관에서 경연을 열자고 했습니다. 그때 연산군은 경연을 열자는 말에 수긍하는 듯하면서도, 아파서 침을 맞고 뜸을 떠야 한다고 미루었습니다.

다음 자료를 한번 볼까요. 조선 경연 사상 초유의 사태가 일어납니다.

승정원에 전교하기를,

"홍문관으로 하여금 내시 김순손에게 『강목』을 가르치게 하라."

하니, 부제학 박처륜, 응교 홍한, 교리 권오복, 박사 이관, 저작 송흠이 아뢰기를,

"김순손이 가지고 온 『강목』은 첫 번째 권이 아니고 곧 전하께서 전일 서연에서 강의 받으시던 권인데 지금 그것을 배우게 하시니, 신들은 전하의 하시는 일을 모르겠습니다. 또 신들이 모두 경연의 직임을 맡고 있거니와, 환관을 가르치는 일이 어찌 저희들의 직책이겠습니까. 『강목』은 정치하는 데 관계되는 중요한 책이오니, 빨리 경연에 나오십시오."

하니, 전교하기를,

"나도 빨리 경연에 나가려 하나, 발병이 아직 낫지 않았을 뿐이다. 김순손에게는 『강목』을 가르치지 말라."

하였다.[●]

『강목』, 그러니까 『자치통감강목』은 앞서 홍문관에서 경연 교재로 삼자고 했던 것인데, 첫 권이 아니라 세자 때 배우던 권을 가져갔군요. 그런데 문제는 그게 아닌 듯합니다. 경연에 내시 김순손을 대신 보냈습니다. 바로 대리 출석이지요.

국왕인 연산군이 아니라 내시 김순손이 『강목』을 들고 경연청에 들어오던 장면을 생각해 보십시오. 경연관들이 얼마나 황당했겠습니까? 어처구니가 없었겠지요. 실제로 앞의 기사 행간에 그런 당혹감이 엿보입니다.

연산군이 실제로 발병이 났는지는 모릅니다. 흥미로운 것은 예나 지금이나 공부하기 싫으면 아프다고 하는 것이지요. 지난 4월에도 연산군은 침이며 뜸을 맞아야 하기 때문에 경연에 나갈 수 없다고 했지 않습니까? 사실 공부할 마음이 있으면 침 맞고, 뜸 뜨고 난 뒤에 가든지 전에 갈 수 있거든요. 결국 가기 싫다는 것이지요.

공부하러 가기 싫을 때 꼭 친구가 아프고 어머니가 편찮으시지요? 별로 친한 친구도 아닌데 꼭 병문안을 가야 할 것처럼 생각이 들고, 평소 어머니가 힘들어하실 때 청소, 설거지 한 번 안 하던 터에 별안간 어머니 곁을 지켜야 한다는 효성이 발동하기도 하지요. 물론 공부하러 갈 때가 아니면 이런 효성이 발동하지 않습니다. 찔리는 분들 꽤 있지요?

● 『연산군일기』 1년 5월 14일

대리 출석이 있은 뒤 연산군은 곧 경연에 나갑니다. 그래서 꾸준히 공부도 하고 정책이나 현안을 논의하지요. 다만, 경연에서 건의한 내용이 받아들여지지 않는다는 지적 정도는 나옵니다. 처음에 홍문관에서 건의한 대로『대학연의』와『자치통감강목』을 번갈아 공부했습니다.

그런데 미묘한 문제 제기가 계속됩니다. 하기는 하는데, 동시에 경연에 나오지 않는다는 기사도 같이 보이거든요. 했다, 말았다, 이렇게 진행되는 겁니다. 홍문관에서는 하루 세 번이 어렵다면 하루 한 번이라도 나와라, 이렇게까지 사정하거든요. 아마 성종 때 경연을 경험해 본 신하들의 입장에서는 잣대가 더 엄격할 수밖에 없지 않았을까 생각합니다.

시로 쓴 결석계

말하자면 성종과 연산군이 대비가 되는 셈이죠. 잘하다가 안 하면 티가 나는 것처럼 말입니다. 연산군 초 상황을 보여 주는 자료가 있습니다. 연산군 2년(1496) 9월에 승정원에서 올린 글입니다.

승정원이 아뢰기를,
" …… 오래도록 경연을 폐지하였는데, 신 등이 이미 주상의 건강이 편치 않음을 알고 있습니다. 그러나 세종은 일찍이 정인지를 불러들여 편전에서 함께 글을 읽었으며, 세조도 편전에 납시어 창을 닫고 여러 신하를 불러들여 정치의 도리를 강론하였습니다. 성종 역시 야대에는 편복 차림으로 군신을 접견하였습니다. 지금 전하께서는 즉위하신 초기이니, 진실로 빛나는 덕을 쌓는 공을 더하여야 할 것인데, 하다 말다 하여 훌륭한 학자를 접하는 때가 적습니다. 주상께서 좀 평안할 때에는 역시 편복으로 경연관을 창 밖에 불러들여 강독하게 하는 편이 온당합니다. 이렇게 한다면 보탬이 적지 않을 것입니다. ……"

하였다. ●

늘 그렇듯이 해야 할 일을 제대로 하고 있으면 누가 하라는 말을 안 하는 법이지요. 승정원에서 지적하고 나니까 연산군은 경연에 다시 나갔습니다. 이렇게 하다가 또 안 나가고, 그래서 홍문관이나 승정원에서 지적하면 나가고 합니다. 이런 학생은 참 가르치기 어렵습니다. 이 같은 상황이 반복된 뒤 연산군은 다음과 같은 시를 써서 신하들에게 줍니다.

기침 번열 잦고 피곤한 기분 계속되어   咳深煩多困氣䠄

이리저리 뒤치며 밤새껏 잠 못 이루네   耿耿終夜未能眠

● 『연산군일기』 2년 9월 15일

결 석 사 유 서

과 목	논어	성 명	연산군 (인)

결석사유

咳深煩多困氣縣
耿耿終夜未能眠
諫官不念宗社重
每上疏章勸經筵

위와 같이 결석 사유서를 제출합니다.

| 간관들 종묘사직 중함은 생각지 않고 | 諫官不念宗社重 |
| 소장 올릴 때마다 경연에만 나오라네 | 每上疏章勸經筵 |

그러고는 말하기를, 굳이 시를 짓자고 지은 것이 아니라, 나의 뜻을 표시하는 것뿐이라고 덧붙입니다. 아픈데 자꾸 경연에 나오라고 한다, 종묘사직은 생각하지 않고 경연만 생각한다, 이런 말인데, 지금까지 우리가 살펴본 바로는 경연은 나라를 위해 하는 거 아닌가요? 연산군의 시가 투정처럼 느껴지는 것은 저뿐인가요? 무엇보다 참 철이 없다는 생각이 들지요? 경연 나가기 싫다고 시를 지어 보인 것도 조선 오백 년 역사에 유례가 없는 일입니다. 그러고 보니 연산군 때는 유례가 없는 일이 참 자주 나옵니다. 조선 국왕 최초의 대리 출석, 시로 쓰는 결석계, 참 신기한 것을 보여 준 연산군이었습니다.

나는 배울 게 없다

이후로도 연산군은 계속 아프다, 그래서 못 나간다, 합니다. 당시 상황을 보여 주는 사례를 하나 더 봅시다.

임금이 글을 내려 이르기를,

"대저 백 가지 질병 중에 안질이 제일 중하다. 근자에 대간이 말하기를, '경연에는 병 있다 하여 나오지 않고 잔치는 날마다 한다'고 하는데, 이것은 경연을 중히 여기고 임금의 병은 가볍게 여기는 것이다. 경연은 눈을 쓰는 것이 더욱 긴요하지만 연향(잔치)은 앉아서 받을 뿐인 것이다. 내 생각으로는 요사이는 조리를 하고 국기일(國忌日, 나라의 제삿날)에 친히 제사 드린 후를 기다리면 안질이 다 낫지는 못하더라도 거의 낫게 될 것 같은데, 경들의 의견은 어떠한가?"

하니, 승정원이 아뢰기를,

"대간이 경연은 학문만이 아니라 또한 여러 신하들을 면접할 수 있기 때문에 중히 여겨 청하는 것입니다. 만일 전하의 건강이 편치 못하다면 어찌 무리하게 청하겠습니까. 대개 한 번 경연에 납시면 항상 계속하시어 중간에 끊기지 말아야 할 것입니다."

하였다.●

대간은 사헌부와 사간원입니다. 대간의 말을 보니 연산군은 잔치에는 참석하면서 경연에는 참석하지 않았다는 말이네요. 쉽게 말해 공부는 안 해도 소풍은 간다, 이런 셈입니다.

눈을 쓰는 건 힘들다

연산군의 말이 재미있지 않습니까? 경연에서 공부할 때는 눈을 써야 하지만 잔치는 앉아서 받으면 되니까 안질이 걸렸어도 참석할 수 있다는 거지요. 요즘 꾀부리는 학생들의 변명과 참 비슷합니다. 이러다 보니, 사헌부와 사간원, 홍문관은 관청만 설치한 것이고, 나라에 이익

● 『연산군일기』 3년 3월 20일

이 없으니, 혁파하라는 말이 나왔습니다. 바로 이 세 관청을 삼사(三司)라고 해서 특히 중시했거든요.

계속 확인했던 일이지만, 경연이 열리지 않게 되면 고전이나 역사 공부를 통해 장기적인 비전과 철학을 마련하는 데 지장이 있는 것도 문제지만, 경연에서 이어지게 마련인 정책 논의와 결정이 원활하지 않게 된다는 폐단이 생깁니다. 공무가 밀리게 되지요. 그때그때 결정되지 않으니까요. 그런 데다가 신하들도 서로 자주 볼 기회가 없어지니까 협의가 안 되는 겁니다. 요즘으로 말하면 업무 협조가 안 된다고 할까요? 경연을 하다 말다 하면서, 사냥 간다고 빠지고, 아프다고 빠지기도 하지요. 공부는 쌓여야 하는 법인데, 쌓이지 못하는 것입니다. 이러다 보면 틈이 생기고 틈 사이로 다른 생각을 하게 됩니다. 보실까요?

승정원에 전교하기를,

"양반 중에 어을우동이란 여자가 시를 지었다 하는데 그러한가? 그 당시 조사서를 궐내로 들이라."

하니, 승지 등이 아뢰기를,

"어을우동은 바로 박원창의 딸이온데, 음행 죄로 사형에 처했으며, 이른바 시는 간부(奸夫, 간통한 남자) 방산수가 지은 것입니다. 이러한 더러운 사실을 상께서 보신다는 것은 부당합니다."

하자, 전교하기를,

"들이지 말라."

하였다. 승지가 다시 아뢰기를,

"이 일은 민간의 어려움이나 농사에 관한 일이 아니오라 서연이나 경연에서는 반드시 아뢸 자가 없었을 것이온데 전하께서는 어디서 들으셨습니까? 분명 아뢴 자가 있을 것이오니, 말씀해 주십시오."

하니, 전교하기를,

"나는 성종조 때에 이미 이 일을 알았는데 오늘 우연히 기억이 난 것이다. 내가 한번 물었다고 내 생각에 대해 경들이 반드시 그 연유를 모두 알고자 해서 마치 심문하듯 하니 너무 심하다."

하였다. ●

민담에 나오는 그 어을우동, 그러니까 우리가 흔히 말하는 어우동이지요. 스캔들로 유명한 여자였습니다. 영화로도 나왔지요. 그러니까 연산군은 이런 황색잡지에 나올 소식에 더 관심이 갔군요. 승정원에서 그 사실을 어떻게 알았느냐고 캐묻지요? 뭔가 공식 통로로 들은 게 아니라, 비공식적으로 접했다고 본 것이지요. 늘 경연과 대비되어 경계되던 여알 즉 후궁이나 궁녀들의 뒷담화 또는 환관을 통해 들었을 것이라는 혐의 때문에 한 말입니다.

● 『연산군일기』 3년 12월 16일

지난번 시를 보나, 어을우동에 대한 관심을 보나, 연산군은 조금 다른 군주였던 게 아닌가 하는 생각이 듭니다. 이 무렵 우리가 잘 아는 무오사화가 있었던 것을 기억하시지요?

할아버지를 욕보였다

무오사화(1498)를 기점으로 상황이 변합니다. 변했다기보다는 아슬아슬했던 상황이 겉으로 가시화되었다는 표현이 좋겠습니다. 김일손이 편찬한 사초(史草)에 세조를 비판한 내용이 있다는 것이 사건의 발단이었습니다. 김일손은 김종직의 제자였는데, 김종직이 지은 「조의제문(弔義帝文)」이 김일손의 사초에 실려 있다가 문제가 된 겁니다. '의제를 조문하는 글'이지요.

「조의제문」은 김종직이 꿈 얘기를 적어 놓은 글입니다. 내용은 이렇습니다. 어느 날 밀양에서 경산으로 가다가 답계역에서 자는데, 꿈에 귀신이 황제 의복을 입고 나타나 "나는 초나라 회왕 손심인데, 서초패왕에게 살해되어 빈강(郴江)에 수장되었다."라고 말하고는 사라졌다는 겁니다.

서초패왕은 항우지요. 항우가 회왕인 의제를 몰래 죽이고 그 시체를 물에 던진 것은 수양대군(세조)이 단종을 죽인 것과 비슷하다고 김종직이 생각하면서 제문을 썼다는 것이 연산군을 비롯한 이극돈 등 무오사화를 일으킨 자들의 꼬투리였습니다. 세조는 연산군에게 할아버지가 됩니다. 하지만 꿈 얘기를 글의 소재로 삼는 것은 늘 있는 일입니다. 그걸 상황에 따라 귀에 걸면 귀걸이, 코에 걸면 코걸이, 이렇게 악용하는 일이 있지요.

전에 세조 시대를 다루면서 간단히 언급했습니다만, 세조(수양대군)의 찬탈이 가져온 여파는 단종이 폐위되고 사육신이 죽임을 당한 일에 그치지 않았습니다. 왕조 시대이기 때문에 후대의 왕은 모두 세조의 후손이 됩니다. 요즘에는 정권이 바뀌고 민주화가 진행되면서 일이십 년 사이에 군사독재를 쿠데타라고 규정하고 광주항쟁을 민주화운동으로 정당하게 평가하는 일이 가능하지만 그때는 그렇지 않았습니다.

사실 일이십 년도 짧은 것은 아니지요. 그 시대를 사는 사람에게는 말입니다. 하루도 길 때가 있지요. 하지만 왕조 시대에는 선왕의 쿠데타를 찬탈이라고 할 수가 없는 겁니다. 후대 왕들의 정통성이 모두 부정되니까요. 그런 데다가 공신들이 버젓이 살아 있습니다. 세조 시대는 한마디로 공신들 세상이었습니다. 성종 때가 되면 경연의 부활 등으로 정치가 정상화됩니다. 그러면서 집현전의 후예들이 조정에 들어오게 되지요. 그동안 지방이나 귀양지 등에서 학습을 하던 사람들이 하나하나 조정에 들어오는데, 주로 예문관을 통해 들어옵니다.

예문관으로 들어오기 좋은 조건이 있습니다. 예문관 사관은 정9품 검열이 승진하면 후임을 바로 그 사관들이 뽑습니다. 이를 스스로 천거한다는 뜻으로 자천제(自薦制)라고 합니다. 일반적인 관료제 관직

임용과는 다른 방식이지요. 사관은 학문이나 식견이 있는 사람이 뽑히는 자리이기도 했고, 자천제를 통해서 임용되었기 때문에 신진 사림이 등장하는 통로였습니다. 그렇다면? 그렇습니다. 무오사화가 터진 것은 사림들의 관직 진출과 관련이 있습니다. 이들의 존재는 공신 세력, 학계에서는 훈구파라고 부릅니다만, 조선 사회의 미래에 대한 철학적, 경제적 기반이 달랐습니다. 공신이 권력과 부에 대한 사사로운 이해에서 출발했다면, 집현전–사육신을 이은 사림은 권력과 부의 공적 성격을 강조했지요. 당연히 사림이 정치를 주도하면 공신과 대립할 수밖에 없는 상황이었던 것입니다. 그래서 김일손의 사초 사건이 터졌고, 표연말 등 신진 사림이 화를 입게 되는 것입니다.

사화와 경연의 훼손

무오사화 이후로도 경연은 열렸다, 말았다를 반복합니다. 동시에 연산군 대의 폭정이 진행되고 있었습니다. 그리고 결정타는 연산군 10년(1504)에 있던 갑자사화입니다. 어떻게 망가지는지 한번 볼까요?

임금이 전교하였다.

"옛사람이 이르기를 '어진 사대부를 접하는 때가 많고, 환관과 궁첩을 가까이하는 때가 적으면 유익하다.' 하였다. 그러나 경연 때에 형편없는 무리가 불충한 말을 많이 하니, 경연에 나갈 것이 없다. 만약 나이 어린 임금이라면 여러 신하와 더불어 마땅히 시정(時政)의 득실을 강론하여야 될 것이다. 그러나 지금 나는 비록 경연이 아니더라도 스스로 정치에 관한 명령을 내릴 수 있으니, 어찌 반드시 경연에 나가야만 학식을 더하겠는가. 비록 학문을 모른다 할지라도 어찌 장구하게 나라를 누리지 못하겠는가.

왕위를 길게 누릴지 짧게 누릴지는 원래 경연에 나가느냐 아니냐에 달려 있지 않은 것이다. 만약 군자는 조정에 있고 소인은 초야에 있도록 하면, 조정이 스스로 맑아질 것이니, 비록 경연이 아니더라도 무엇이 해로울 것인가. 전일 부지런히 경연에 나가도록 아뢰는 것은 모두 관례에 빠진 말이요, 진실로 임금을 위한 것이 아니다. 선왕(先王)은 비록 자주 경연에 나가지 아니하였어도 또한 정사가 다스려졌고, 언관들도 또한 감히 자주 논계하지 못하였다.” •

이 대목은 세조가 연상되는군요. 세조는 친강을 했지 않습니까? 내가 신하를 가르치겠다는 것인데, 그래도 세조는 연산군처럼 이렇게 노골적으로 내가 배울 것이 없다고 하지 않았습니다. 경연에서 하는 말은 자신의 행동을 자꾸 제약한다는 것이고, 그게 싫다는 말입니다.

갑자사화 뒤에 이런 사태가 벌어졌습니다. 국왕을 견제할 방도가

● 『연산군일기』 10년 8월 10일

없어진 것이지요. 갑자사화는 매우 흥미로운 사건입니다. 무오사화 때 훈구 공신 세력이 사림을 탄압하지 않았습니까? 그런데 연산군은 한 걸음 더 나갔습니다. 자신의 어머니인 폐비 윤씨 사건을 빌미로 성종 때 폐비 사건에 연루된 사람들을 도륙했는데, 거기에 홍귀달·심원·이유녕 등 남은 사림이 대거 포함되어 있었습니다만, 세조 이래 공신 세력도 화를 피하지 못했습니다. 이미 죽은 한명회·정창손·어세겸 등은 부관참시를 당했습니다. 죽은 사람의 관을 꺼내 시신을 참하는 것이지요. 이런 상태에서는 공식 정치 행위라는 것은 기대할 수 없었겠지요?

상황이 이렇게 되면 맞장구치는 자들도 있습니다. "내가 경연에 나가지 않는 것을 조정에서 무어라고 하는가?" 하고 연산군이 묻자, 승지 권균은, "전일에 이미 정승 및 육조 판서·홍문관·대간에게 일이 생기면 나가지 않겠다고 유시하셨는데, 무슨 방해가 있겠습니까?"라고 했다는 겁니다. 결국 갑자사화가 있고 겨우 2년 뒤에 중종반정이 일어납니다.

아픈데
어쩌란 말이냐

선조 때는 임진왜란의 와중에서도 경연을 했습니다. 선조에 이어 즉위한 광해군 대의 경연을 소개할까 합니다. 우리가 경연이 제대로 이루어지지 못한 시대를 비교하며 살펴보고 있으니까, 그 맥락에서 얘기해 보겠습니다.

광해군은 인조반정으로 폐위되었지요? 광해군 대는 경제 개혁인 대동법의 실패, 국가 재정을 바닥낸 궁궐 토목공사, 민심 이반으로 총체적인 국정 난맥상을 노출했던 시대였습니다. 그 결과 대명, 대후금 외교도 그때그때 미봉책으로 대응했습니다. 따라서 이때의 외교는 식민지 시대 이후 일부 학자들이 주장하듯 중립외교나 실용주의 외교가 아니라, 기회주의 외교라고 불러야 한다고 봅니다.

경연이라는 바로미터

적어도 경연 이상의 대안이 없는 상태에서 경연을 제대로 하는 시대에는 사회의 건강성이 유지되었고, 그렇지 못한 시대에는 찬탈이나 폭정이 이어졌다는 역사적 경험을 확인했습니다. 그런 척도를 광해군대에도 적용할 수 있을지 살펴봅시다.

조선 시대에는 내내 광해군 시대를 '혼조(昏朝)'라고 평했습니다. '어지러웠던 시대'라는 말이지요. 당시의 표현이 암시하듯 주목을 끄는 사건이 많았습니다.

선조가 승하한 뒤 광해군 즉위년(1608) 2월에 홍문관이 올린 계사를 소개하겠습니다.

홍문관 전원이 승정원에 나아와 아뢰기를,
"주상께서 지금 상중에 계시면서 슬픔이 예법에 지나친 상황인데 신들이 외람되이 경연에 있으면서 들어가 주상의 건강을 살피지 못하였으므로 항상 안타까운 마음이 간절하였습니다. 지금 선왕조(先王朝)의 일기를 살펴보건대 선왕이 승하한 지 27일 안에도 가까이서 모시는 신하들의 입시를 허락했기 때문에 그때의 승지·사관과 경연의 상번과 하번이 아울러 입시했었습니다. 선왕조의 고사에 따라 특별히 입시를 명하여 주상의 건강을 밝히고 성후를 살피어 아랫사람들의 생각이 전달될 수 있게 하여 주십시오."

하니, 답하기를,

"알았다. 선왕조의 고사에 대해서는 잘 알 수 없으나 상을 당한 지 1개월도 안 되었는데 갑자기 신하들을 접견하는 것이 마음에 과연 편안하겠는가. 그러나 기필코 들어와 대면하려 한다면 억지로라도 따르지 않을 수 없다. 그러나 내가 마침 감기를 앓고 있으니, 우선 뒷날을 기다리라."

하였다. ●

홍문관에서 입시를 청했습니다. 엄밀히 경연은 아닙니다. 왜냐하면 상중이거든요. 모든 정사는 졸곡이 끝나야 합니다. 하지만 홍문관이 입시를 청한 뒤, 4월에 광해군은 정인홍과 정구에게 경연 특진관을 겸대하게 하고, 세자를 가르치는 서연에도 보양관(輔養官)이라는 직함으로 참여하게 함으로써 서연과 경연을 준비합니다.

7월이 되어 졸곡이 다가오자 비서실인 승정원에서 경연을 열어 시사(視事 정무를 봄)하자고 의견을 냅니다. 그런데 광해군은, "내가 슬프고 괴로운 나머지 기력이 편치 않고 더위가 한창 극심하니, 묻지 말라."고 대답했습니다. 사관은 이날 『광해군일기』에 "이것이 정무를 보지 않는 시초가 되어 재위 16년 동안 경연을 연 것이 10일에 불과했다."고 적어 놓았습니다. 뭔가 좀 불길하지요?

● 『광해군일기』 즉위년 2월 25일

이 사관의 말은 인조반정 이후 사관이 『실록』 전단계인 중초본(中草本)을 만들 때 했던 코멘트인데, 반정 이후 비판적인 시각으로 광해군을 평가했던 점을 고려해서 읽어야 할 것입니다. 그럼에도 불구하고 조선 시대 사관의 필법은 나름의 원칙과 공정성을 가지고 있었고, 사론을 달 때 자의적으로 달 수 있는 것이 아니었기 때문에 위의 언급을 마냥 무시할 수도 없습니다.

그런데 더위가 끝나면 경연을 시작했을까요? 아닙니다. 어느덧 세월이 흘러 겨울이 되었습니다. 11월이 되어 홍문관에서 다시 나섰습니다. 다음 기사를 볼까요?

홍문관 부교리 이준이 상소했다.
"지금 전하의 건강이 좋지 못하고 날씨마저 매우 추우므로 감히 자주 나와 날마다 경연에 납시라고 말씀드릴 수는 없습니다. 그러나 어리석은 신의 욕심으로는 전하께서 한번 날씨가 따뜻할 때 때때로 측근의 신료들을 부르시되, 꼭 날짜나 시간을 한정하지 말고 번거로운 예의도 차릴 것 없이 정성스럽게 접견하고 온화한 얼굴로 대해 경서를 강론하고 정치의 도리를 물으셨으면 합니다. …… 지금 전하께서 신료들을 접견하지 않으신 지 반 년에 이르러서, 사관들이 무엇을 기록했는지 적막하기만 합니다. …… 전하께서는 학문을 강론해 마음을 수양하고 공경을 지켜마음을 간직하고 군자들을 친근히 대해 이 마음을 유지하소서.

이렇게 해서 스스로 깨달은 뒤에 이를 정사에 반영해 근원과 흐름, 근본과 지엽을 차츰차츰 강구해 나가십시오. …… 교화의 요점은 이것에 벗어나지 않을 것입니다." ●

추울 때는 경연에 나오지 않아도 좋으니 따뜻한 날만이라도 나와서 공부하자는 말입니다. 또 즉위 이래 신하들을 만나지 않아 정무를 기록하는 사관이 적을 게 없다는 말도 덧붙였습니다. 말을 공손하게 해 그렇지, 듣기에 따라서는 이거 좀 자존심이 상하는 말 아닌가요? 이에 대해 광해군은 "오랜 병으로 침울해 있던 중 정곡을 찌르는 말을 읽고 내가 가상히 여겨 탄식했다. 마땅히 마음에 새겨 두겠다."라고 점잖게 대답했습니다. 정말 많이 아팠나 봅니다.

그럼 따뜻할 때는 경연에 나왔을까요? 불행히도 아닙니다. 새해가 되자 영의정 이원익이 경연을 열어 어진 사대부를 접견하라고 충고했습니다. 승정원에서도 봄이 되었으니(음력 1월은 봄입니다) 신료들을 불러 보아 경전을 토론하고 정치에 대해 자문하라고 하자, 광해군은 경연을 여는 것은 기력이 미치기 어렵고 신료를 불러 자문하는 것이라면 생각해 보겠다고 대답합니다.

이 대목에도 사관이 논평을 달았습니다.

● 『광해군일기』 3년 11월 6일

상이 즉위한 이래로 한 번도 정사를 보지 않았으므로 양사(사헌부·사간원)와 옥당이 번갈아 상소한 것이 한두 번이 아니었으되, 매양 몸조리를 한다고 전교했다. 1년이 넘는 조섭 기간에 어찌 하루도 병이 나은 날이 없었겠는가.

어떻게 내내 아플 수가 있느냐, 하루라도 컨디션이 좋은 날에는 경연에 나와야 하는 거 아니냐, 이런 말입니다. 이 사관의 논평은 인조반정 이후의 것이 아닙니다. 이 사론은 광해군 원년 1월 당시에 기록한 내용입니다. 광해군을 '상'이라고 지칭한 데서 알 수 있지요. 원래 사초의 기록입니다. 나중에 편찬할 때 기록한 사평에는 광해군을 '왕'이라고 부르지요.

추워서 미루고 더워서 미루고

경연을 회피하기는 했지만, 광해군은 확실히 양심의 가책은 느끼고 있었던 듯합니다. 그리고 이상한 점이 있습니다. 광해군이 세자로 책봉된 것이 무척 오래되었습니다. 임진왜란이 나던 1592년 평양에서 세자로 책봉되니까요. 무척 총명하다는 말도 있었지요. 그런 그가 이러는 게 이해가 되질 않습니다.

광해군 즉위 초에 경연을 못한 것은 임해군의 옥사와 관련이 있는 듯합니다. 선조가 승하한 뒤 보름 만인 2월 14일에 광해군의 친형 임해군이 반역을 도모했다는 이유로 옥사가 벌어져서 이 일로 여름이 다 지납니다. 후속으로 중국에서 둘째 아들인 광해군이 즉위한 일을 의심하던 중 중국에 갔던 사신이 형 임해군이 아파서 광해군에게 양위했다고 보고하는 바람에 조사를 나오게 되지요. 중국은 의심이 많거든요.

그렇다 해도 줄곧 뒤에는 경연이 열리는 게 상례였고, 거기서 국정도 논의해야 했습니다. 신하들과의 소통 기회가 사라졌다고 지적하는 홍문관과 승정원의 비판에도 불구하고 광해군은 경연에 참석하지 않았습니다. 아프다고 미루고, 춥다고 미루면서 따뜻해지면 하자고 미루었습니다. 얼마간 시간이 지나자 또 승정원에서 경연을 하자고 계를 올렸지만 광해군은 덥다며 가을로 미루었습니다. 날씨가 선선해지면 하자는 것이지요. 그래서 선선해진 9월에 다시 물었더니, 국기(國忌)가 있으니 나중에 하자는 것이 광해군의 대답이었습니다.

참 안 하겠다는 이유도 많습니다. 여기서 9월은 원년 9월, 그러니까 즉위한 지 2년이 다 되어 가는데 계속 미루고만 있는 셈입니다. 그러나 국기가 있다는 말은 핑계가 아닙니다. 원래 경연 등 정례 모임이라도 국기, 즉 종묘제사, 기우제 등의 국가적 차원에서 치르는 제사가 있으면 할지 말지를 국왕에게 물어 결정하게 돼 있는 것이 관례였으니까요. 이때 사관의 논평이 주목을 끕니다. 앞과 마찬가지로『광해군일기』의 기록입니다.

임금의 덕을 성취하는 일은 경연에 달려 있는데, 왕은 한결같이 핑계를 대어 미루며 깊은 구중궁궐에서 오직 근습(近習)과만 어울리니 덕이 성취되는 아름다움을 어찌 기대할 수 있겠는가. 상하의 뜻이 막힘이 한결같이 여기에 이르렀으니, 비록 화급한 위망의 재앙이 있은들 누구에게서 들을 수 있겠는가." •

근습이란 주로 내시나 궁첩 등 가까이서 국왕을 모시기 때문에 친한 사람들을 말합니다. 우리가 처음에 경연에 대한 논의를 시작하면서 강조했던 적이 있습니다. 내시나 궁첩들의 말이 아니라, 학식과 덕망 있는 신하들의 공적 논의를 통해 정치를 하는 것이 중요하다는 강조 말입니다. 광해군 초년에 그 우려가 나타나기 시작했던 것입니다.

군주는 편해서는 안 됩니다

경연에 나오지 않는 광해군에 대한 사관이나 신하 들의 비판은 강도를 더해 갔습니다. 재위 3년째가 되어 『서경』 「무일(無逸)」 편을 강론했습니다. 「무일」 편은 주나라 주공이 조카인 성왕에게 충고한 말을 기록한 것으로, 임금은 안일함에 젖지 말아야 한다는 경계를 담고 있습니다. 그다지 기록이 많지는 않으나, 고려 때의 경연을 살펴보면 거

• 『광해군일기』 1년 9월 16일

136

의 이 「무일」편을 강의한 것으로 나와 있습니다. 아마 홍문관 경연관들이 의도적으로 「무일」편을 선정하지 않았을까 하는 생각이 들기도 합니다. 이때 논의를 소개합니다.

임금이 묻기를,
"인(仁)을 실천하여 그 덕에 오래 사는 것은 원래 당연하지만, 불인(不仁)하고도 오래 사는 자는 무엇 때문인가?"
하니, 영경연사 이항복이,
"인한 자가 오래 산다는 것은 전적으로 움직임과 고요함을 가지고 말한 것입니다. 안정된 사람은 혈기(血氣)가 경로를 따라 혼란하지 않고 정신이 안으로 확고해 들뜨지 않으니 오래 살게 되는 것입니다. 만약 마음이 항상 조급해 화기(火氣)가 올라가 위를 공격하면 성품을 해치고 생명을 상하게 하는 일이 많을 것인데 장수할 수 있겠습니까."
라고 했고, 동지경연사 이정구는,
"이 「무일」편은 군주가 편하게 즐기지 말아야 한다는 내용을 주로 말한 것입니다. 임금이 공경하고 조심해 성품을 해치는 일을 하지 않으면 자연 천수를 누리는 효과가 있을 것이고, 방종하고 게으르면서 도리어 장수를 누리고자 하여 신선을 구하고 천수를 연장하는 방술을 사모한다면 어찌 한갓 무익할 뿐이겠습니까.

김 개똥이라는 상궁

광해군 5년 6월의 기록에 보면, 이때 사람들이 말하기를, "이이첨이 세 가지를 일삼는데, 세자빈을 섬기어 세자를 속이고, 정인홍의 제자를 섬기어 정인홍을 속이고, 김 상궁을 섬기어 왕을 속인다."고 했답니다. 이이첨은 광해군 대의 대표적인 간신입니다. 정인홍은 의병장 출신이었지만 광해군 때 편협하고 과격한 이데올로그(idéologues, 실행력이 없는 이론가나 공론가) 역할을 했지요. 이는 그렇다 치고, 여기에 나오는 김 상궁이란 존재가 문제였습니다.

전에 방송 드라마로도 만들어진 적이 있는 인물입니다. 본명이 김개시(金介屎)였습니다. 개시는 개똥을 한자로 표기한 말입니다. 예전에 어렸을 때 이름이 안 좋아야 액을 막는다고 해서 이렇게들 지었지요. 김 상궁은 세자궁의 시녀였다가 왕비를 통해 광해군의 잠자리를 모셨다고 합니다. 그런데 김 상궁이 그 기회에 뭔가의 비방(秘方, 비밀스런 방편)으로 갑자기 광해군의 사랑을 얻었으므로 후궁들도 김 상궁과 어울리는 이가 없었으며 결국 김 상궁은 왕비와도 틈이 생겼다고 합니다.

비방이 뭔지는 모르겠지만 분명한 것은 그 세력이 왕비를 능가할 정도였다는 점입니다. 김 상궁은 왕비를 가장 심하게 투기해 원수처럼 대했다고 합니다. 궁중에 저주가 크게 일어났을 때 김 상궁의 침실에는 흉악한 물건이 가득했는데도, 광해군은 범인을 찾아내 처벌하지 않았습니다. 사관은, 광해군이 '그 뭔가의 즐거움'을 잃지 않으려고 모두 묵인해 주었다고 덧붙였습니다.

바로 이런 일을 여알이라고 합니다. 베갯머리송사라고 하지요. 여알에 대한 경계는 오랜 기원을 가지고 있습니다. 옛 탕임금에 대한 고사가 있습니다. 은나라에 7년간이나 큰 가뭄이 계속됐습니다. 농업사회에서 이렇게 긴 가뭄은 경제기반을 송두리째 흔드는 일이지요. 당연히 사회 불안이 이어졌고, 군주의 덕성에 대해 수군대는 일이 벌어지기도 했습니다. 이때 탕임금은 이렇게 하늘에 물으며 자책합니다.

제가 정치에 절제가 없이 문란해졌기 때문입니까? 백성이 직업을 잃고 곤궁에 처해 있기 때문입니까? 저의 궁전이 너무 화려하기 때문입니까? 여알이 성해 정치가 공정하지 못하기 때문입니까? 뇌물이 성행해 정도(正道)를 해치고 있기 때문입니까? 참소하는 말로 인해 어진 사람이 배척당하기 때문입니까?●

여기에 여알이라는 말이 나옵니다. 정치를 잘못하는 근원이 되는 이유 여섯 가지 중에 들어 있다는 것이지요. 현실 권력이 빠지기 쉬운 함정 중 하나라는 뜻이기도 합니다. 이 얘기는 진시황의 친아버지로 알려진 여불위가 편찬했다는 『여씨춘추』 「순민(順民)」 편에도 실려 있습니다.

● 『순자』 「대략(大略)」

139

도리어 해가 있을 것입니다."
라고 하였다.[●]

광해군도 오래 살고 싶었나 봅니다. 이항복의 말을 보면, 인-불인을 '수승화강(水升火降)'이라는 한의학의 건강론과 연결해 설명하고 있지요. '수승화강'은 물은 올라가고, 불은 내려온다는 말인데, 찬 것이 위에 있고 따뜻한 것이 아래에 있어야 인체의 순환이 이루어진다는 『주역』의 원리에 입각한 의학 이론입니다.

단절이 있기는 했지만 경연은 계속 열렸습니다. 광해군의 애매한 태도와 기자헌 등 방납을 하던 기득권자들의 방해로 결국 실패로 돌아가지만 대동법 논의도 시작되고, 현재의 주민등록법에 해당하는 호패법도 논의됩니다. 경연이 열리니까 정책 논의가 가능하였습니다. 궁궐 공사의 폐해도 지적되고, 그런가 하면 오현종사(五賢從祀), 곧 김굉필·정여창·조광조·이언적·이황 등 다섯 명의 학자를 문묘에 모시자는 논의도 시작됩니다.

가뭄에 비 만난 듯

이때 정인홍이 상소를 올립니다. 이언적과 이황의 절의와 학문에 흠

태백산사고본 실록 표지 『조선왕조실록』 중 태백산 사고본은 848책이다. 태조부터 명종까지의 실록은 1603년(선조 36)부터 3년 동안 임진왜란 때 유일하게 남은 전주 사고본을 토대로 복본을 만들었다. 그 후 『철종실록』까지 실록이 편찬되는 대로 5대 사고에 보관해 왔다. 국가기록원 소장.

이 있으니 문묘에서 퇴출해야 한다는 주장입니다. 오현종사는 광해군 2년(1610) 10월에 결실을 맺습니다. 정인홍의 회퇴변척은 다음 해인 광해군 3년에 있지요. 회재(이언적)와 퇴계(이황)를 문묘에서 빼내라는 것인데, 너무 과격한 주장이었고, 이런 과격성이 정인홍과 광해군 정권을 고립시키는 요인이 되지 않았나 생각합니다.

광해군 2년 11월에 열린 경연은 정말 오랜만이었는지, 신하들은 너나 할 것 없이 자신들의 의견을 내놓았는데, 마치 봇물 터지듯 했습니다. 임금과 신하가 진지하게 논의하는 장면을 목격하는 재미를 즐길 수 있는 장면입니다. 남이공이 "근래에 오래도록 경연을 폐했었는데, 금일 경연을 여니 실로 태평 시대를 만드는 기반입니다."라고 했던 말은 결코 과장이 아니었을 것입니다.

광해군도 "내가 동궁에 있을 때 문안을 드리고 남은 시간에는 때때로 신하들을 인견했다. 만약 질병이 아니었다면 어찌 폐했겠는가. 지난번 신상에 병이 있었고 근일 또 일기가 불순함으로 인해 지금 비로소 경연을 열었으니 미안하고 미안하다."라고 하면서 거듭 사과의 뜻을 표했을 정도지요.

어찌 살이 찌지 않겠습니까

이제 열심히 하는 일만 남았습니다. 그런데 그렇지 않았습니다. 광해군 2년 11월 이후, 거의 경연을 열지 않습니다. 1년 뒤인 광해군 3년 10월의 에피소드 하나 소개할까요?

왕이 일찍이 환관 이봉정에게 묻기를,

"너는 어떻게 그렇게 뚱뚱하냐?"

하니, 이봉정이 대답하기를,

"소신이 선조 때에는 선왕이 장시간 공사청에 납시어 온갖 일을 열심히 재결하셨기 때문에, 항상 옆에서 모시느라 낮에는 밥 먹을 겨를이 없고 밤에도 편히 잠을 못 잤습니다. 그런데 지금은 전하께서 공사청에 납시는 때가 없으므로, 소신은 종일 태평하게 쉬고 밤에도 편안하게 잠을 자기 때문에 고달픈 일이 없으니, 어찌 살이 찌지 않겠습니까."

하였다.●

광해군이 정무를 보지 않으니까, 심부름 할 일이 없어 살이 쪘다 이 말입니다. 환관이 그런 말을 감히 임금에게 할 수 있겠는가 하는 의문을 가질 수도 있지요? 하지만 못할 것도 없지요. 대개 환관은 임금을 어려서부터 모시게 되어 있고 가까이서 간언을 하는 사람도 적지 않게 발견됩니다. 연산군 때 아무도 직언을 하지 않는 상황에서, 연산군이 팔, 다리를 자르는데도 간언을 하다가 장렬하게 죽었던 김처선이란 분도 있지요. 이렇게 환관까지 나서서 풍자를 통해 바로잡으려고 하는 데는 다른 중요한 이유가 있습니다.

먼저 지적할 수 있는 것은 좌도(左道)에 대한 경계입니다. 왼 좌, 길 도입니다. 좌도란 요즘 말하는 사주팔자 같은 명리론을 말합니다. 또 풍수지리설 같은 것도 좌도라고 합니다.

당시 사관은, 이때 광해군이 좌도에 몹시 미혹했기 때문에 명리론을 했던 정사륜, 환속한 중 이응두 등을 등용했다고 합니다. 이들은 모두 밀 추, 셀 수, 즉 추수(推數)를 해서, 앞으로 닥쳐올 일들을 미리 점

● 『광해군일기』 3년 10월 14일

치는 점쟁이였습니다. 이들이 궁중에 있으면서 총애와 대접을 잘 받았다고 합니다. 광해군이 굿이나 점치는 일에 빠졌다, 이런 뜻입니다.

광해군이 거처를 정전(正殿)으로 옮기는 일을 미룬 것도 역시 이들의 말 때문이었습니다. 새 대궐에서 매일 음사, 즉 굿을 하느라 북소리·장구소리가 대궐 밖까지 들렸답니다. 도성 백성이 말하기를 "죽어서 귀신이 되면 대궐 부엌에 있는 음식이나 실컷 먹겠다."고 했답니다.

이때 말하는 새 궁궐은 창덕궁입니다. 경복궁은 아직 짓지 못했지요. 물론 광해군은 다른 궁궐을 대거 신축했지만요. 어쨌거나 이렇게 술수나 사주에 경도되면 수신을 제쳐 놓게 되기 십상입니다. 운에 맡기기 시작하면 주체적인 노력을 게을리 하기 쉬우니까요. 광해군이 수신을 강조하는 경연을 소홀히 한 것은 이렇게 점술에 마음을 기울인 데도 한 이유가 있지 않을까 합니다.

친국할 시간은 있어도

해가 바뀌어 광해군 4년(1612) 정월이 되자, 비서실인 승정원에서는 경연을 담당하는 홍문관 신하들마저도 임금을 만나서 소회를 개진하지 못한 지가 이미 오래되어 답답하다고 계사를 올렸습니다. 겨울철이 이미 다 갔고 봄기운이 돌아오고 있으니, 성상께서는 계절에 맞추어 더욱 날로 새롭게 해서 고식적인 습관을 일삼지 말고 정신을 가다듬으라는 것이었습니다.

비서실은 그래도 기능을 하고 있었습니다. 조선 시대 승정원이 심부름만 하는 건 아니었습니다. 광해군도 자신이 병에 걸려 추위가 두려워 경연을 열지 못하고 있으므로 항상 미안하게 여기고 있다며 가까운 날에 조리하고 나서 경연에 참가하겠다고 밝혔습니다. 2월에도 우의정 정엽이 경연을 열어 여러 신하들과 변방의 방어와 조정 만사를 논의하라고 했는데, 광해군의 대답은 승정원에 내린 답과 같았습니다. 날씨가 아직도 춥고 몸에 병마저 있다는 것이지요. 물론 유념하겠다는 말은 꼭 덧붙였습니다. 하지만 여기에는 더 큰 이유가 있었습니다.

바로 김제세와 김직재의 옥사입니다. 원래 김제세가 어보와 관인을 위조해 군역을 모면하려던 사건이었는데, 이를 봉산 군수 신율이 황해 병사 유공량에게 보고하면서 확대된 일입니다. 통상 당시 정권을 장악하고 있던 대북파가 영창대군을 지지했던 소북파를 제거하기 위해 일으킨 옥사라고 합니다.

이 사건이 계축옥사하고 이어집니다. 계축옥사는 광해군 5년(1613) 선조 계비인 인목대비의 친정아버지 김제남을 죽인 옥사입니다. 이어 그다음 해에 영창대군이 죽임을 당하기에 이릅니다. 또 그 뒤로는 인목대비의 폐비가 이어졌습니다.

이 사건이 경연과 직접적으로 어떤 상관이 있었을까요? 김직재의 옥사는 광해군 4년 2월에 발생했습니다. 그런데 이해 광해군 4년 7월, 사간원에서는 옥사가 일어난 지 일곱 달 동안 경연을 열지 못했다면

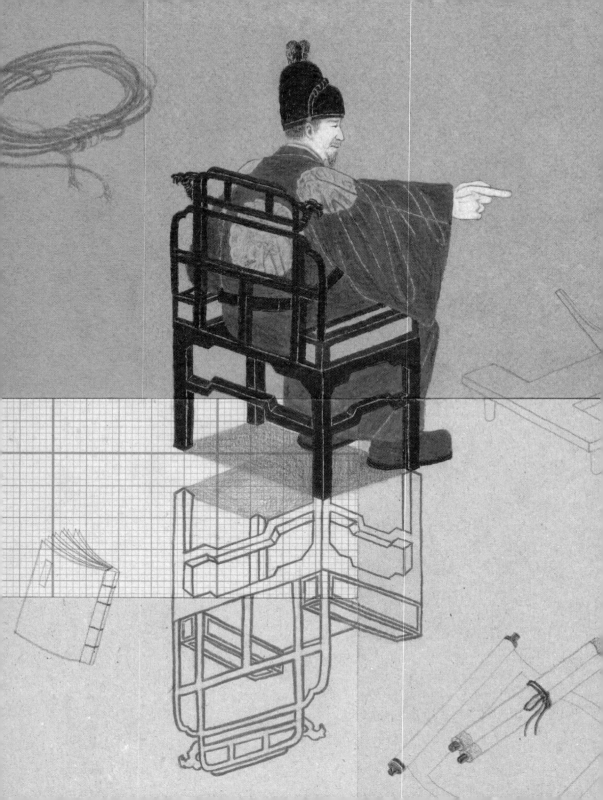

서 경연을 열라고 했습니다. 광해군은 더위가 물러가고 옥사가 끝난 뒤 시행하겠다고 대답했습니다. 늘 그랬듯 날씨 탓이었습니다.

옥사와 경연을 함께 하기 어려운 것이 아니었습니다. 어차피 옥사도 논의해야 하는데, 오히려 경연을 열면 그 자리에서 논의하면 되기 때문에 편하기도 하지요. 이유는 광해군이 이 김직재의 옥사를 거의 친국으로 임했기 때문입니다.

친국이란 국왕이 직접 추국청에 나와서 죄인에 대한 심문과 문초를 주관하는 것을 말합니다. 조선 시대 추국은 대개 총책임자인 위관(委官)을 중심으로 추국을 진행하고 죄인에 대한 처벌은 따로 국왕과 논의하는 것이 상례였습니다.

사안의 중요성은 정치적으로 판단되기 마련이지요. 비밀이 필요한 경우도 있을 것이고, 특별한 관심이 있는 사건일 때도 있을 것이고요. 『추안급국안』이라는 책이 있습니다. 추국 사건을 다룬 문서를 책으로 만들어 모아 놓은 것입니다. 요즘으로 치면 심문조서, 진술서 이런 것들이죠.

안타깝게도 지금은 없어진 '추안'이 많습니다. 임진왜란 이전의 자료는 없습니다. 임진왜란이 얼마나 참혹한 침략전쟁이었는지는 남은 사료를 보아도 알 수 있습니다. 『실록』마저 없었으면 연구가 불가능할 정도로 남아 있지 않습니다.

반역사건을 주로 다루는 추국 중에 국왕이 직접 참여하는 친국은 어느 정도나 되었을까요? '추안', '국안'을 보면 그리 많지 않습니다. 주로 국왕은 보고를 받고 처리과정을 논의해서 이러저런 판단을 내리지요.

이때 경연을 못했던 이유는 김직재의 옥사를 거의 친국으로 진행했기 때문입니다. 광해군만큼 친국에 집착한 군주는 없었습니다. 『광해군일기』를 보면 쉽게 알 수 있습니다.

특히 김직재의 옥사는 늘 친국이었습니다. 김직재의 옥사 이후로도 광해군은 경연 대신 추국청으로 나갔습니다. 실제로 광해군 7년 4월 사헌부와 사간원에서 경연을 열라고 올린 보고에 대한 논평에서, 사관은 다음과 같이 말했습니다.

왕이 즉위한 후로 경연을 연 적이 없고 매양 병 때문이라 했지만 죄인을 친국할 때에는 밤 늦도록까지도 했다. 어찌 그리 사람을 죽이는 일은 급히 하면서 학문을 강론하는 일은 등한시한단 말인가. 내의원에서 옥체가 평안해졌다고 아뢰었는데도 왕은 오히려 조리해야 한다고 대답했으니, 평안한 옥체를 조리한다면 어느 때에 학문을 강론할 수 있겠는가.●

사관의 말이 틀린 데가 없습니다. 몸은 아프다면서 친국은 하고, 경연은 안 하고, 이런 데 대한 지적입니다. 이 과정에서 차츰 신하들도 광해군에게 경연에 나오라는 말을 적게 하기 시작했습니다. 늘 그렇

친국 1위, 광해군

광해군 즉위년에 선조의 장례식이 채 끝나지 않았을 때 있었던 임해군 옥사도 그렇고, 거의 광해군은 대부분의 추국을 친국으로 진행합니다. 『실록』을 검색해 보면 알 수 있어요.

현재 많은 역사자료가 인터넷에서 서비스되고 있습니다. 『조선왕조실록』도 그중 하나입니다. 인터넷 검색창에 '조선왕조실록'을 치면 해당 사이트가 나올 거예요. 그 '조선왕조실록' 사이트(http://sillok.history.go.kr/)에서 검색어만 넣으면 그 방대한 『실록』에서 자료를 금방 검색할 수 있습니다. 번역문, 원문, 이미지, 이렇게 다 제공되니까 한문을 모른다고 걱정하지 말고 해 보면 됩니다.

'친국'이란 검색어를 넣고 찾아보세요. 국왕이 직접 국문에 참여하는 것을 표현하는 용어는 '친국'밖에 없습니다. 실록 원문에만 '친국'이란 단어가 1,266건이 나옵니다. 연산군 1건, 중종 7건 등등 이렇게 말이지요. 가장 많은 검색 건수는 영조의 401건이고, 우리가 살펴보고 있는 광해군이 344건입니다. 영조는 재위 50년이 넘고, 광해군은 14년입니다. 그렇기 때문에 『광해군일기』가 중초본이라는 점을 감안해도 광해군은 조선 시대 '친국'을 가장 많이 했던 군주임에는 틀림없습니다.

듯이 뭔가 말을 한다는 것은 소통의 여지가 있다는 뜻입니다. 그러나 말을 하지 않기 시작했다는 것은 불길한 조짐이지요. 경연을 열지 않으면서 나타나는 임금과 신하, 신하와 신하 사이의 불통이 폐위의 한 원인이 되었습니다.

"경연을 안 한 것만 가지고 폐위 사유가 되느냐?"고 물을 수도 있습니다. 충분히 가능한 질문입니다. 광해군이 폐위된 이유는 당연히 경연만이 아닙니다. 백성의 세금을 덜어 줄 대동법을 유야무야하고, 궁궐 등 토목공사로 인해 재정 및 민생이 파탄났으며, 끊임없이 이어지는 옥사로 정치기반은 매우 약해졌지요. 형과 아우 및 인목대비를 탄압하여 민심이 이반한 것 등이 주된 이유였습니다. 경연을 하지 않아서 쫓겨난 것은 아니지만, 경연을 하지 않는 것은 이런 붕괴의 중대한 이유가 됩니다. 경연은 시스템이기 때문입니다. 제가 앞서 말했던 조선 문치 시스템 말입니다.

이제, 어두운 시대를 벗어나 새로운 얘기를 해 볼까요? 연산군의 대리 출석, 그리고 무오년·갑자년 두 차례에 걸친 사화, 그에 이은 경연 자체에 대한 부정으로 이어지는 과정을 살펴보았습니다. 세조 때는 집현전을 없애면서 친강이라는 형식의 임금이 하는 강의를 했지요? 그러면서 경연이 부정되었는데, 연산군 때는 홍문관은 그대로 두고서 경연을 부정하는 경우였습니다. 이어 친국에는 나가면서 경연은 하지 않아 불통의 시대를 만들었던 광해군을 살펴보았습니다. 그 과정에서도 사람들은 희망을 만들어 냈습니다. 그걸 알아보겠습니다.

4장

함께 공부할 때 세상이 바뀐다

21세기의 경연

새로운 세계, 나은 세상이 꼭 사람들이 생각한 모습대로 만들어지지는 않았던 것으로 보입니다. 그래도 그 세상의 주인이라고 자각한 사람들은 대안과 미래에 대한 책임을 지녔습니다. 이때도 역사의 경험은 그들에게 도움이 되었습니다.

경연은 역사적 산물입니다. 역사적 산물이란 말은 이중적인 의미를 담고 있습니다. 일단 경험한 일은 후대에 어떤 형태로든 자산이 된다는 의미가 그 하나입니다. 말이나 글로 전수될 수도 있고, 문화나 자부심의 형태로 전수될 수도 있습니다.

한편, 역사적 산물이라는 말은 결코 동일하게 반복될 수 없다는 의미이기도 합니다. 조선 시대의 경연이 21세기에 그대로 재현될 수는 없습니다. 시대가 달라졌으니까요.

역사를 배울 때 발견하는 흥미로운 사실은 인간이기에 던지는 보편적 질문이 있다는 점입니다. 어떻게 하면 사람들이 서로 도우며 편안히 살 수 있는 사회와 나라를 이룩할 수 있을까, 어떻게 하면 그 사회나 나라에서 내 인생을 뿌듯하게 만들 수 있을까, 하는 질문도 그중 하나입니다. 오랜 질문을 되새기면서 21세기 시민의 경연을 생각해 보겠습니다.

새로운 시대를 여는 길

연산군 시대나 광해군 시대 등 어려운 시대는 패륜과 희대의 폭정은 물론, 국고 탕진에 따른 재정 위기로 민생이 극도로 궁핍해졌습니다. 궁금하지 않나요? 그런 세상에서 사람들이 어떻게 살았을까요? 이런 시대를 견뎌내는 사람들의 힘, 자세, 태도 등은 무엇일까요? 동시에 어떤 세상이 그런대로 살 만한 세상일까 하는 궁금증이 생겼지요. 말하자면 저에게는 화두를 주었던 시대입니다.

이런 문제의식은 중요합니다. 사람들은 어리석게도 그런 역사를 반복하지 않습니까? 연산군 시대를 끝낸 중종반정 이후 조광조 등의 정치 개혁이 이루어져서 한동안 새로운 시대가 열리는 듯했지만, 이미 기득권 세력이 된 공신의 반동으로 기묘사화가 일어나지요.

기묘사화 말고, 사화가 한 차례 더 있지요? 명종 때의 을사사화였습니다. 을사사화 뒤에도 여파가 계속됩니다. 퇴계 이황의 형인 이해라는 분도 을사사화의 여파로 곤장을 맞고 귀양 가다가 세상을 뜨거든요. 벽초 홍명희 선생이 쓴 『임꺽정』에 보면, 퇴계가 형 이해의 시신을 모시러 양주로 갔다가 임꺽정을 잠깐 만나는 장면이 나옵니다. 물론 지어낸 이야기이지만요. 이제 그 시대들 틈으로 새로운 움직임이 어떻게 일어나나 살펴봅시다.

율곡, 새로운 시대를 예감하다

명종 대 초기에는 문정왕후가 명종을 좌우하고 있었습니다. 승려 보우를 시켜 절과 석탑을 짓느라 나라 재정도 어려워졌습니다. 동생 윤원형은 매관매직을 일삼아 집 문 앞이 시장 같았습니다.

그런데 이 시기는 사림들이 지방에서 움츠리고 있으면서, 안으로 실력을 쌓는 시기였습니다. 퇴계로 대표되는 분들이 지방에서 학문을 쌓으면서 후진을 양성하는 한편, 조정으로 끊임없이 진출합니다.

서원도 이 무렵에 생깁니다. 조선 최초의 서원인 백운동 서원이 그것입니다. 서원이 생겼다는 것은 비로소 교육을 통한 재생산 구조를 갖추게 되었다고 보아야겠지요. 변화는 문정왕후가 죽고 나서부터 시작됩니다.

명종도 어머니인 문정왕후 때문에 정세를 바꾸지 못하자, 이건 아니다 싶었던 거죠. 율곡 이이가 쓴 『경연일기』를 본 적이 있는지요? 먼저, 여기에 나오는 서술을 볼까요?

20년(1565) 12월. 이황을 동지중추부사로 삼고 전교하기를,
"내가 불민한 탓으로 어진 사람을 좋아하는 정성이 모자라는 듯 하다. 전부터 여러 번 불렀으나, 매번 병이라고 하여 사퇴하니 내 마음이 편치 않다. 경은 나의 지극한 마음을 알고 속히 올라오라."
하였다. 이황은 어릴 때부터 바른 길을 좋아했고 만년에는 더욱 부지런하여 학문이 매우 정밀했으며 벼슬하는 것을 좋아하지 않고 예안에 머물러 있었는데, 사람들이 태산이나 북두처럼 우러러 보았다. 이때 윤원형이 죽고 온 사림이 훌륭한 정치를 기대하고 있었으므로 이황을 조정으로 부르는 명이 내리자 사람들이 모두 기뻐하였다.

뭔가 새로운 시대가 열리는 느낌으로 율곡이 이 대목을 썼다는 게 전해지는지요? '경연일기'라니까 경연의 대화를 중심으로 썼을 줄 짐작하지만 꼭 그렇지 않습니다. 이때 율곡은 사간원 정언으로 경연에 참석했던지, 아니면 경연관을 겸했던 것으로 보입니다. 사간원 관원은 경연에 들어갈 수 있었고, 또 율곡이 장원급제를 했기 때문에 그런지도 모르겠습니다. 이런 일기를 남기면서, 사관이 쓰는 사평, 상황에

대한 논평을 함께 기록해 두었던 것입니다.

퇴계, 숙흥야매잠을 올리다

몇 년 뒤, 퇴계는 선조에게 『성학십도』를 올립니다. 그중 열 번째 그림에 대한 설명인 「숙흥야매잠(夙興夜寐箴)」이란 글을 소개하려고 합니다. '새벽에 일어나 늦은 밤 잠들 때까지 조심할 일'이라는 퇴계의 글입니다.

닭이 울어 잠을 깨면 이러저러한 생각이 점차로 생겨나게 된다.
그 시간 동안에는 조용히 마음을 정돈해 두어야 한다.
또 지나간 잘못을 반성하기도 하고 새로 깨달은 것을 상기하여,
차례대로 조리를 세우며 분명하게 이해하여 두자.
근본이 세워졌으면 새벽에 일찍 일어나 세수하고 빗질하며, 옷과
건을 갖추고 단정히 앉아 마음을 가다듬는다.
그리고 마음 씀씀이를 솟아오르는 해처럼 밝게 한다.
엄숙하게 가다듬고 마음가짐을 텅 빈 듯 한결같이 고요하게 갖
는다. ……
날이 저물어 사람이 피곤해지면 흐린 기운이 엄습하기 쉬우니,
이럴 때일수록 늠름하게 가다듬어 밝은 정신을 펼쳐야 한다.
밤이 깊으면 잠자리에 들되 행동거지를 가지런히 하라.

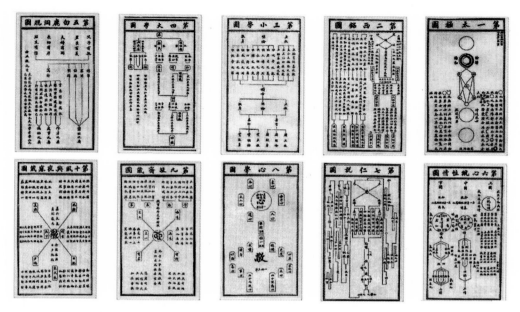

성학십도 그림 퇴계 이황이 선조에게 올린 『성학십도』. 제10이 「숙흥야매잠도」이다.

쓸데없는 생각을 하지 말고 몸과 마음을 쉬게 하라.

늦게 자고 일찍 일어나라, 깨어 있을 때 반듯해라, 이런 메시지입니다. 우리가 성학이란 말은 많이 했지요. 성인이 되기 위한 공부라는 말이지요. 유가의 이상적 인간형, 공자 같은 인물이 되는 것이 경연의 목표였지요.

퇴계는 선조 원년(1568)에 이 책자를 만들어 선조에게 올립니다. 선조는 그것이 학문하는 데 매우 긴절한 것이라 하여 그것을 병풍으로 만들라고 명하고, 또 간행하여 곳곳에 나누어 줍니다. 그런데 여기서 말하는 숙흥야매, 곧 일찍 일어나고 늦게 잔다는 말이 참 재미있습니다.

언뜻 보면 단순한 말 같습니다. 어렸을 때부터 일찍 일어나라는 말을 많이 듣지 않습니까? 그것도 역사적이라는 말입니다. 시대에 따라 다르다는 것입니다. 한번 살펴볼까요?

당시 늦게 잔다는 것은 삼경(밤 11시 - 새벽 1시)쯤 자는 것이고, 일찍 일어난다는 것은 닭이 울 때 일어난다는 말입니다. 닭이 우는 시간은 대개 새벽 3시에서 5시 사이. 그러면 대략 2시간에서 6시간을 잤다는 말이 되지요.

그런데 『성학십도』는 퇴계가 68세 때 작성한 것으로 전해집니다. 혹자는 퇴계가 건강이 좋지 않았다고 하지만, 이런 수치를 놓고 보면 이상합니다. 그러면 퇴계는 왜 이랬을까요?

요즘 도회 생활과는 달리, 당시는 누구네 집 숟가락 숫자까지 알 수 있는 '동네'에서 살았습니다. 누가 뭐 하는지 다 아는 공동체에서 살았던 것이지요. 그 속에서 새로운 세계를 꿈꾸는 사람들의 삶은 설득력을 가져야 합니다. 이렇게 살면 건강하고 평화로우며 조화롭게, 무엇보다 경제적으로 안정되게 살 수 있다고 말입니다. 그래서 그들은 향촌사회에서 보(洑)와 같은 경제 인프라를 건설해서 농업생산을 안정화하고, 서원 등 교육기관을 통해 비전을 공유합니다.

그냥 주어지는 리더십은 없습니다. 일상생활도 본보기가 되어야 합니다. 동네 농부들은 해 뜨기가 무섭게 논밭으로 나가 일 하는데, 그때까지 잠이나 자고 있으면 그런 사람이 제시하는 비전, 아니 일상의 말이라도 신뢰가 생기겠습니까? 그러니까 동네 사람들이 일어나기 전에 일어나 글을 읽었던 것이지요. 어쩌면 소리 내어 읽는 것은, 나지금 일어났다는 걸 알리는 신호였을지도 모릅니다.

결국 선조에게 퇴계가 『성학십도』를 올린 것은 조정의 신하보다 임금이 더 부지런해야 한다는 메시지였던 셈입니다. 그러려면 건강해야 하고, 건강하려면 잡스런 삶을 살아서는 안 되는 것이지요. 퇴계는 이 『성학십도』를 올리고 낙향합니다. 연세도 드셨고, 또 고봉 기대승, 율곡 이이 같은 쟁쟁한 후배들이 조정에 있었기 때문에 낙향을 결심할 수도 있었을 것입니다.

유성룡, 전쟁 중에도 경연을 권하다

사림들이 조정에 중심 세력으로 등장하고 이런 상황에서 선조가 즉위했으므로, 선조 때는 경연을 하니, 안 하느니 하는 얘기는 나오기가 어려웠습니다. 그러니까 전쟁 통에도 경연은 했지요. 물론 전쟁이 발발한 뒤 얼마 동안은 엄두가 나질 않았습니다. 그렇지만 전쟁이 소강상태에 들어선 시점에는 사헌부 등의 요구에 의해 다시 경연을 정비하고, 시행합니다.

홍문관이 영사의 뜻으로 아뢰기를,

"경연을 열도록 하라는 일로 하교하셨으나, 전일 정무를 보실 적에 아침 강의와 낮 강의에는 『시경』을, 저녁 강의에는 『강목』을 진강하였습니다만, 강목은 권수가 너무 많아 일이 많은 때에 쉬이 다 볼 수가 없을 듯합니다. 『당감(唐鑑)』에 대해서는 선현들이 '삼대 이하로는 이러한 의논이 없다'고 하였으며, 또 권수도 간편하니 우선 진강하도록 하고, 『시경』은 이전대로 진강함이 합당할 듯하여 감히 여쭙니다."

하니, 전교하기를,

"지금은 전쟁 중이니 시를 읊는 것은 불가하다. 아침 강의에는 『주역』을 배우고 싶고, 저녁 강의에는 『동국통감』이나 『고려사절요』 중에서 하나를 배우고 싶다는 뜻을 영사에게 말하라."

하였다. ●

이때 홍문관 영사는 누구였을까요? 서애 유성룡이었습니다. 홍문관은 부제학이 실제 관직으로 가장 선임이지만, 정승이 영사를 겸하거든요. 그러니까 서애 이름으로 경연을 하자고 청했던 것입니다.

문득 어려울 때 부자처럼 살라는 말이 생각납니다. 힘들 때일수록 멀리 내다보는 힘, 이것은 간단히 생겨날 수 있는 힘은 아닐 것입니

● 『선조실록』 27년 10월 20일

다. 그러나 어려움을 극복하고 새로운 시대를 열기 위해서는 꼭 갖추어야 할 힘이 아닌가, 내공이 아닌가 생각합니다.

21세기 시민의 경연

이제 우리의 경연에 대한 공부도 마무리가 되어 갑니다. 옛사람들의 문제의식을 이제 우리는 어떻게 이어 가야 할지 몇 가지 생각을 나누고 싶습니다.

시간의 흐름에 따라 달라지는 삶의 양식도 있지만, 인간이기 때문에 가지고 다니는 질문도 있습니다. 역사와 죽음, 유한과 무한에 대한 사람들의 관념도 그런 질문 중 하나였습니다. 이런 논의는 인간을 이해하는 데 핵심이 되는 질문입니다. 그러니까 종교학의 중요한 논제지요. 우리의 질문은 좀 달라야 한다고 생각합니다. 이를테면 역사학적 접근이라고 부를 만한 무엇을 찾아보자는 것입니다.

고려에서 조선으로 넘어올 때는 역성혁명이었지요. 성리학자들은 고려 말 권문세족과 사찰로 대변되는 기득권층의 확대가 사회적 불의와 부정의 수준을 넘어 사회의 재생산 구조를 붕괴시키는 데까지 이르렀다며 강력하게 비판합니다. 이대로는 안 되겠다, 새로운 패러다임의 문명을 찾아야 세상이 유지된다는 생각이었지요.

종교로서의 불교가 갖는 요소가 사찰 또는 불교의 현실을 유지하는 이데올로기였는데, 불교의 현실을 개혁하려다 보니 종교적 영역에서의 비판과 대안도 필요하였습니다. 흥미로운 것은 그런 비판의 과정에서 등장하는 것이 바로 역사공부이고, 그 제도가 경연이라는 것입니다.

역사의 종교성

역사 공부가 어떻게 이런 역할을 했다는 건지 좀 어리둥절할 수도 있겠네요. 두 가지 측면에서 그렇습니다. 첫째, 동아시아 사람들이 역사에 대해 갖는 관념에는 종교성이라고 부를 만한 점이 있습니다. 둘째, 역사 공부는 비판자들이 원하는 많은 증거를 제시해 줍니다. 구체적인 증거 앞에서 관념은 종종 무릎을 꿇습니다.

우선 첫 번째 역사의 종교성이라는 대목부터 얘기해 볼까요? 상식적으로 역사는 역사고, 종교는 종교 아닌가요? 그렇습니다. 그렇지만 이어지는 것이 있습니다. 찬찬히 생각해 봅시다.

세상살이의 질서와 원칙이 쇠미해지면서, 거짓된 말과 몹쓸 행동

성균관친림강론도 왕이 성균관에 와서 공
부하는 장면을 그린 것이다. 조선 후기,
고려대학교 박물관 소장.

이 생겨났다. 신하가 임금을, 자식이 아비를 시해하는 경우도 있었다. 공자가 걱정되어 『춘추』를 지었는데…… 『춘추』가 완성되자 난신·적자들이 벌벌 떨었다.

『맹자』「등문공」에 나오는 말입니다. 난신이란 민생을 어지럽히고 사회를 혼란스럽게 만드는 존재입니다. 적자란 인류의 종족보존이 이루어지는 가족의 유지를 불가능하게 만드는 존재입니다. 당장 눈길을 끄는 것은 사람들이 살아가며 지켜야 할 원칙이나 질서를 깨는 자들로 하여금 두려움에 떨게 한다는 역사의 효용입니다. 맹자는 역사를 남기는 목적을 이렇게 이해했던 것입니다. 이런 관념은 그 후로도 지속됩니다. 조선 초기 정종 원년의 기록을 볼까요?

사관이 비로소 경연에 참석하였다. 처음에 임금이 사관을 가까이 하지 아니하니, 문하부에서 상소하여 두 번 청하였는데, 상소는 대략 이러하였다.
"사관의 직책은 임금의 말과 행동, 정치의 잘잘못을 바르게 기록하여 숨기지 않고 후세에 전하는 일입니다. 반성에 대비하고 권장할 일과 경계할 일을 남기자는 것입니다. 고려 말년에 임금이 황음무도하여 궁궐의 여자와 내시를 가까이하고 충성스럽고 어진 신하를 멀리하였으며, 사관이 직서(直書)하는 것을 꺼리어 가까이 오지 못하게 하였으니, 너무나 도리에 어긋난 일이었습니다. 마땅히 고려의 잘못된 정치를 거울 삼고 관직을 설치한 의의를 생각하여, 특히 사관으로 하여금 날마다 좌우에 입시하여 언어 동작을 기록하고, 그때그때의 정사를 적게 하여 만세의 큰 규범을 삼도록 하십시오."

임금이 그대로 따랐다. 지경연사 조박이 나와서 말하였다.

"임금이 두려워할 것은 하늘이요, 역사를 기록하는 붓, 사필(史筆)입니다. 하늘은 푸르고 높은 것을 말하는 것이 아니라 천리(天理)를 말하는 것입니다. 사관은 인군의 착하고 악한 것을 기록하여 만세에 남기니, 두렵지 않습니까?"

임금이 그렇게 여겼다.

요즘 정치인들도 가끔 보면, "내가 한 일을 후세의 역사가 평가할 것이다."라고 하지 않습니까? 그것도 같은 어법입니다. 어법이 같지요. 아니, 어법만 같다고 해야 하나요? 실제로 두려워하지 않으면서 일종의 꾸미는 말입니다. 그렇지만 그런 어법을 쓴다는 것도 일종의 역사적 화석이자 흔적입니다.

참고로 비교해서 생각해 볼 만한 구절 하나 소개할까요?

내 사랑하는 자들아 너희가 친히 원수를 갚지 말고 진노하심에

● 『정종실록』 1년 1월 7일

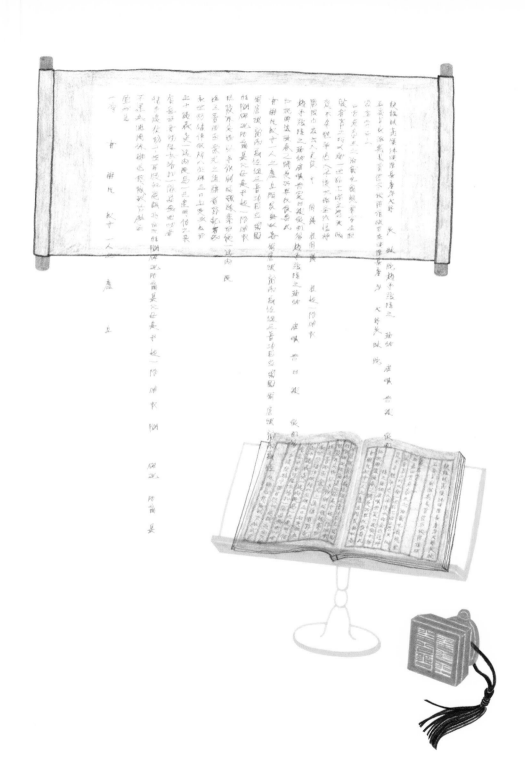

말기라 기록되었으되 원수 갚는 것이 내게 있으니 내가 갚으리라고 주께서 말씀하시니라.

『성경전서』개역한글판「로마서」12장 19절에 나오는 말입니다. 어떤가요? 무척 흥미로운 대비 아닌가요? 『성경』에서는 '기록되었으되 원수 갚는 것이 내게 있으니 내가 갚으리라.'고 주께서 말씀하셨다고 했습니다. 그에 비해 맹자는 적는 행위, 그러니까 '역사' 자체가 '주 하나님'의 역할이라고 합니다. 맹자 이래 동아시아 역사를 관통하는 관념은 '내세가 심판자가 아니라 역사가 심판자다.', 이렇게 요약할 수 있겠지요.

역사 자체가 증거다

아직 경연의 역사 공부가 갖는 두 번째 의미가 남아 있지요? 어쩌면 본연의 역사 공부인지도 모르겠습니다. 역사는 실제 일어났던 사실로 엮어진 이야기입니다. 그러니까 실제 있었던 사실이라는 증거가 갖는 힘이 곧 역사의 힘이라는 점을 먼저 확인할 필요가 있습니다. "역사의 힘은 사실의 힘이다."

성종 16년(1485)에 『자치통감』을 강의하던 경연에서 나눈 대화입니다.

경연에 나아갔다. 『자치통감』을 강의하다가, 한유가 「불골표(佛骨表)」를 올렸다가 조주 자사로 좌천당한 데에 이르러, 시독관 민사건이 아뢰기를,

"한유의 말은 충성에서 나온 것인데, 헌종은 그를 내쳤습니다. 예로부터 임금이 끝마무리를 잘한 이가 적었는데, 헌종도 불법에 미혹되었던 것입니다."

하니, 임금이 이르기를,

"한유의 말은 간절하고 마땅한 것이었다. 한 무제는 신선을 구했으나 얻지 못하였고, 양 무제는 부처를 섬겼으나 효험이 없었으니, 모두 믿을 것이 못되는 것이다."

하였다.●

한유는 당나라 때 사람입니다. 성리학자들은 비교적 한유를 높이 평가합니다. 한유는 문장으로도 이름이 높았습니다. 그가 높이 평가된 더 큰 이유는 이 「불골표」라는 저술을 통해 불교를 비판한 데 있습니다. 당연한 말이지만, 불교가 청렴성과 평등성에 대한 관념과 종교적 실천을 통해 사회에 기여한 것 역시 역사적 사실입니다. 다만 중국 송나라 때나 고려 말이 되면 문제 상황이 발생했던 것이지요.

성종이 양 무제를 예로 들어, 부처를 섬겼는데 효험이 없었다고 했

● 『성종실록』 16년 12월 15일

규장각도 정조의 명에 따라 단원 김홍도가 그렸다는 규장각 모습이다. 규장각 앞에는 부용지가 있고 뒤에는 응봉이 있다. 1776년. 국립중앙박물관 소장.

습니다. 일종의 케이스 스터디, 그러니까 실제 사례를 통해 불안감을 해소하는 과정이겠지요. 역사 공부는 사례를 많이 제공해 줍니다. 불안감이란 두말할 것도 없이 내세에 대한 불안감, 업보에 대한 불안감이지요. 양 무제는 50년간 재위했는데, 너무 불교에 심취했나 봅니다. 동태사라는 절에 아예 자신을 노비로 바쳐서 신하들이 엄청난 돈을 들여 찾아오기도 했습니다. 이렇듯 불사 때문에 나라 재정을 바닥낸 황제였습니다. 우리가 많이 들어 본 달마대사도 양 무제가 초청한 승려였지요.

한 무제라는 인물은 『사기』라는 불후의 명저를 남긴 사마천이 살았던 시대의 황제였습니다. 한 무제는 신선에 관심이 컸습니다. 누구나 오래 살고 싶어 하지 않습니까? 특히 모든 권력을 가진 황제는 오죽하겠습니까. 진시황도 불로초를 찾으러 사람들을 보내기도 했지요. 위에서는 신선을 찾는 것이나 불교에 빠지는 것이나 마찬가지라고 본 것입니다.

그러나 이는 역사적 상황 때문에 나타나는 문제고, 불교든 도교든 인간의 여러 모습 중 하나가 아니겠습니까? 어떤 때는 불교 신자가 아니라도 세상이 고해라고 생각하며 허무하다고 말하기도 하고, 어느 때는 불로장생하는 신선이 되고 싶어 좋은 음식이나 약재라면 사족을 못 쓰기도 하지요. 그러면서 정치가 제대로 되고, 사람은 배워야 한다고 말하기도 하지 않습니까? 유가가 되는 것이지요. 이렇듯이 불교, 도교, 유학은 인간의 어떤 모습이 두드러진 것뿐이지 않나 생각합니다. 서로 대립하기보다 말입니다.

이처럼 역사 공부는 옛날에 있었던 일들로 실제 증거를 삼아 올바른 것이 무엇인가를 계속 고민하게 해 줍니다. 이제까지의 경연 공부와 21세기, 민주주의 사회를 살아가는 지금, 우리의 공부는 어떻게 이어질지 구체적인 사례를 몇 가지 들어 볼까 합니다.

역사를 견디는 힘

2015년 8월 7일(금)부터 8일(토)까지 한국국학진흥원에서 '청년이 묻고 유교가 답한다'는 워크숍이 열렸습니다. 동아시아 문명을 2천 년 이상 이끌어 온 사상이면서, 또 과거의 유산으로 지탄을 받기도 하는 유학을 인류의 여러 사상 중의 하나로 허심하게 살펴보고, 과연 오늘날 우리의 삶을 윤택하고 깊이 있게 하는 데 도움이 될지 논의하는 모임이었습니다.

그런데 진행 방식이 재미있었습니다. 먼저 유학에서 말하는 분노, 공부, 가족, 소통, 놀이, 인성교육이라는 주제를 오래 연구해 온 교수들이 발표했습니다. 원래 노동, 여성 등도 주제에 포함되었으나, 적절한 발표자를 섭외하지 못하였기 때문에 다음 기회로 미루었습니다.

각 발표에 대해 학생(대학원생 포함) 2명씩의 토론자가 있고, 지정 토론과 상관없이 누구에게나 질문할 수 있는 방식도 동시에 채택하였습니다. 발표자들의 내공도 만만치 않았지만, 학생들의 창도 예리했습니다.

당연히 공감과 이해도 오고 갔지만, 불만과 거리감도 있었습니다. 『논어』라는 원전에서 나타나는 유학과, 실제 역사 현실에서 나타나는 유학의 괴리를 둘러싼 논의도 흥미로웠고, 청소년의 놀이 문화를 둘러싼 공방도 인상적이었습니다. 심지어 학생들 사이에서도 가부장적 권위란 무엇인가, 신뢰할 만한 권위도 있지 않은가를 두고 토론이 벌어졌습니다.

토론을 여기서 다 소개할 수는 없지만, 나는 경연에 가장 가까운 모습을 이 워크숍에서 보았습니다. 청년 학생들이 부딪히는 현실적 어려움을 구조적으로 접근하였습니다. 그러면서도 구조의 문제점과 모순을 극복할 주체적 역량을 어떻게 기르고, 지난 역사적 경험에서 지혜를 가져올 수 있을까를 눈치 보지 않고 묻고 대답하였으니까요. 역시 젊은이들이 살아 있어야 합니다. 그래야 세상이 바뀝니다.

경연은 함께 공부하는 자리지요. 이게 핵심입니다. 내가 변하고 세상이 변하기 위해서는 공부해야 한다는 것입니다. 이게 가장 근본적이며 유력한 길이라는 사실을 유학에서는 오래 전에 통찰했습니다. 등산과 수영을 배우고, 경제와 정치를 배워야 내가 변합니다. 내가 변하지 않는데 어떻게 세상이 변합니까? 내가 변화시켜야 할 세상이 어떤 세상인 줄 모르는데, 어떻게 세상을 바꾸겠습니까?

시민과의 공부, 21세기의 경연

종종 변화를 너무 크게 설정하고 좌절하는 사람들을 봅니다. 쉬운 실천, 그러나 축적되면 엄청난 힘을 발휘하는 실천이 도처에 널려 있습니다.

전주대학교에는 시민이나 학생들과 하는 세미나가 그치지 않습니다. 저는 전주에서 시민들과 '인간+X'라는 공부모임을 합니다. 이것도 1, 2 두 종류가 있습니다. 따로 아침공부 팀도 있습니다. 알고 보니, 전주에만 그런 모임이 50개가 넘습니다.

저희도 처음에는 서너 명이 했는데, 지금은 스무 명이 넘습니다. 학생, 기자, 의사, 공무원, 회사원, 강사, 교사, 자영업자 등등. 심리학, 역사학, 분자생물학도 공부했고, 지금 한 팀은 피케티의 『21세기 자본』, 한 팀은 박지원의 『열하일기』, 또 다른 한 팀은 『광해군일기』를 읽고 있습니다.

매주 월, 수, 금 아침 7시 30분이면 전주대학교 지역혁신관에 있는 제 연구실에서는 『논어』를 읽는 소리가 들립니다. 학생, 시민 열 명 넘게 공부합니다. 이호인 총장도 오셔서 함께 공부하고 학생들에게 콩나물 국밥도 사주며 격려해 주셨지요. 이것 역시 경연의 21세기 버전 중 하나라고 생각합니다.

각각의 시대마다 그 시대의 건강성을 위해서 사람들이 고안한 제도가 있습니다. 그중 경연은 학습을 통한 소통을 지향했던 제도입니다. 학습은 기본입니다. 학습을 통해 토론하고, 긴급한 현안을 논의하

든지 사회의 공동 관심사를 전망하기도 합니다.

　현대사회는 조선 시대와 달리 정보 접근 및 공유의 가능성이 훨씬 쉽고 간편해진 듯 보입니다. 그러나 무분별한 정보의 전문화 경향은 정작 필요한 정보에는 다가가지 못한 채 피상적, 말초적 정보만 접하게 되는 경우가 많습니다. 포털 검색 메인에 자주 오르는 '공항 패션', '아무개 딸 공개' 따위가 그런 것이지요.

　정보의 말초성 못지않게 문제가 되는 것은 주입된 욕망에 포로가 된다는 점입니다. 정작 자신은 무엇을 좋아하는지 묻지도 않은 채 남들이 좋다고 하니까 따라 하는 인생을 사는 것이지요. 이런 사람들은 부려 먹기가 좋습니다. 자기 생각이 없기 때문에 순종하는 국민을 좋아하는 독재자나, 자신의 권익에 무감각한 노동자를 선호하는 악덕 자본가들이 반길 만한 삶의 태도지요.

　삶에 보탬이 되는 정보를 얻고, 같은 시대를 사는 사람들과 소통하기 위해서는 늘 어느 정도의 노력이 필요합니다. 그 노력은 결코 노력하는 사람의 기대를 저버리지 않고, 반드시 열매를 가져다 줍니다.

앞서 주변에서 열리고 있는 시민들의 자발적인 공부 모임을 소개했지만, 전주에 있는 한국고전문화연구원 같은 곳에서는 다양한 방법으로 경연을 현대화하고 있습니다. 정기적인 강좌, 답사, 세미나를 끊임없이 열어 갑니다. 이러다 보니 자연스럽게 사람이 소중한 것을 알게 되고, 서로 연대해서 잘 살 수 있는 방법을 찾게 됩니다. 전북 진안에 있는 사회적 기업 '나눔 푸드'와 제휴하여 무료 도시락 운동도 하고, 농민들 곁으로 다가가는 인문학 강좌를 열기도 합니다. 비−자본주의 방식의 기업 운영을 추진하기도 합니다. 요즘 주식회사가 아닌 협동조합 방식을 도입하는 단체, 기업이 많은데, 이 역시 자본=돈에 종속되는 방식이 아니라 사람을 중심에 놓고 공공성을 고민하는 방식이라고 생각합니다.

삶에 보탬이 되는 지식의 습득과, 그것을 통한 소통이라는 패턴은 보편적인 가치를 지닙니다. 경연은 그걸 나라 차원에서 제도화한 것입니다. 시민들의 자발적인 학습이 내용의 측면에서 살아 숨 쉬는 경연의 전통이라면, 공공성의 제도화라는 또 다른 추세는 제도로서의 경연의 정신을 구현하는 사례입니다.

경연은 나라 차원에서 학습과 토론을 상례화하고 제도화한 것입니다. 말은 대통령만 하고 나머지 '그토록 잘나고 똑똑한' 국무위원들은 앞에 노트북을 놓고도 열심히 '볼펜으로' '별로 적을 것이 없어 보이는' '대통령 말씀'을 적고 있는 그런 국무회의를 경연은 거부합니다. 대통령, 선생, 장관, 사장, 아버지가 열심히 듣고, 국무위원, 학생, 시민, 노동자, 자식 들은 열심히 말을 하는 세상을 경연은 지향합니다. 그렇게 할 때 사회가 건강해진다고, 경연은 역사적 경험을 통해 우리에게 알려줍니다.

생각이 찾아오는 학교 너머학교

생각한다는 것
고병권 선생님의 철학 이야기

고병권 지음 | 정문주 · 정지혜 그림

탐구한다는 것
남창훈 선생님의 과학 이야기

남창훈 지음 | 강전희 · 정지혜 그림

기록한다는 것
오항녕 선생님의 역사 이야기

오항녕 지음 | 김진화 그림

읽는다는 것
권용선 선생님의 책 읽기 이야기

권용선 지음 | 정지혜 그림

느낀다는 것
채운 선생님의 예술 이야기

채운 지음 | 정지혜 그림

믿는다는 것
이찬수 선생님의 종교 이야기

이찬수 지음 | 노석미 그림

논다는 것
오늘 놀아야 내일이 열린다!

이명석 글 · 그림

본다는 것
그저 보는 것이 아니라 함께 잘 보는 법

김남시 지음 | 강전희 그림

잘 산다는 것
강수돌 선생님의 경제 이야기

강수돌 지음 | 박정섭 그림

사람답게 산다는 것
오창익 선생님의 인권 이야기

오창익 지음 | 홍선주 그림

그린다는 것
세상에 같은 그림은 없다

노석미 글 · 그림

관찰한다는 것
생명과학자 김성호 선생님의 관찰 이야기

김성호 지음 | 이유정 그림

너머학교 고전교실

삼국유사,
끊어진 하늘길과 계란맨의 비밀

일연 원저 | 조현범 지음 | 김진화 그림

언제나 질문하는 사람이 되기를
고전이 건네는 말 5

수유너머R 지음 | 김진화 그림

 ## 경연,
평화로운 나라로 가는 길

오항녕 지음 | 이지희 그림

질문과 질문으로 이어지는 생각 익힘책

 ## 생각연습
생각의 근육을 키우는 질문 34

리자 하글룬트 글 | 서순승 옮김 | 강전희 그림

공존의 터전

 ## 쿠바 알 판판 알 비노 비노
오로가 들려주는 쿠바 이야기

오로 · 김경선 지음 | 박정은 그림

그림을 그린 **이지희** 선생님은
대학에서 시각디자인을 전공하고, 한국일러스트레이션학교(Hills)에서 일러스트레이션을 공부했습니다. 『싸우는 소년』의 표지 그림을 그렸습니다. 오래되어 낡은 것들에 흥미를 느끼며 다양한 작업을 하고 있습니다.

너머학교 고전교실 11

경연, 평화로운 나라로 가는 길

2016년 1월 20일 제1판 1쇄 인쇄
2016년 1월 25일 제1판 1쇄 발행

지은이	오항녕
그린이	이지희
펴낸이	김상미, 이재민

편집	정진라
디자인기획	민진기디자인

종이	다올페이퍼
인쇄	청아문화사
제본	광신제책

펴낸곳	너머학교
주소	서울시 종로구 자하문로 100-1 청운빌딩 201호
전화	02)336-5131, 335-3366, 팩스 02)335-5848
등록번호	제313-2009-234호

ⓒ 오항녕, 2016
ISBN 978-89-94407-39-5 44910
ISBN 978-89-94407-30-2 44000(세트)

너머북스와 너머학교는 좋은 서가와 학교를 꿈꾸는 출판사입니다.